黄金の60代

郷　ひろみ

幻冬舎文庫

黄金の60代

まえがき

僕が30歳を越えたころ、「郷ひろみ、という名前を変えたほうがいい」、そんな話をある人からされた。

郷ひろみは、名前で損をしている。もっと、男らしい名前にしたほうがいいと思う。僕が10代のころ、70年代初期にはその名前で良かったが、30歳を越えたその時代に、郷ひろみという名前は似合わないという、その人なりの考えがあったのだろう。

当時僕は、改名すべき、と本気で、真剣に悩んでいたことを覚えている。

結局は、僕は変えなかったのだが。

そして、いまでは僕は、『郷ひろみ』という名前がなにより気に入っている。これ以上のステージネームはないのではと思っている。

世間から見た郷ひろみ。いったい僕はどんなイメージを持たれているのだろう…。『歌謡曲』『スパンコール』『ど真ん中』『超明るい』『無生活臭』。

どこから見ても、人々に与える印象は、ザ・芸能人だと思う。

そう、郷ひろみは、芸能人のなかの芸能人と考えられているのだ。それが、郷ひろみなのだ。

僕は特別な仕事をしていると思われているだけに、普段はできるだけ普通でいられるよう行動する。というか、僕自身は、初めから特別なことをやろうなどと考えたこともないし、特別なことをしているなどとまったく思っていない。

ステージに上がれば、郷ひろみとしてのスイッチが自然に入るのだろう。なので、自身でスイッチの切り替えをしようなどと考えたこともない。

つまり、普通のことをコツコツやっていれば、人は勝手に、特別と判断するのでは、と思うようになった。初めから特別なことをやろうとすれば、じつは、人から、風変わりな奴、と一笑に付されるだけなのだ。

この本の元となった原稿は、当たり前のことを考え、行動している自分が、ごく普通のことを月刊誌に書き記したものだ。それがいつの間にか、本になるほどの量に達してしまった。僕の心のなかで思ったこと、感じたことを、自分でそのまま書いただけなのだ。

なので、誰もこの文章には関わっていないし、これを書いてもいない。僕がすべて書いたのだ。普段から思っていることを、そのまま書き記したのだ。

ザ・芸能人、郷ひろみ、が。

01　成功は60代から

僕は大器晩成だ、と信じてやってきた。

今年（2015年）10月18日が来れば僕は60歳を迎える。つまり、自分の人生においての成功はいまだ始まっておらず、ついに今年から、その成功への60代が始まる、と信じている。それが僕が思う、「僕は大器晩成」なのだ。人がどのように僕のことをとらえているかはわからない。しかし、どのようにとらえられようが、それはその人の僕に対する個人的な見方であって、僕自身の考え方とは違うのだ。

よくよく考えてみると、人は若い時期より、若くない時期を長く生きる。女性はそれが顕著《けんちょ》かもしれない。（こんなたとえは申し訳ないが…）20歳前後の女性は合コンでも引く手数多《あまた》であろうが、20代も後半になればその数は半減するはずだ。当人も人生経験を積んでいるので、いままでとは男性を見る目が違ってくる。そこには焦りの色があるのだ。そして30代になればさらにその数は激減し、30代半ばではほとんどお呼びがかからなくなり、30代後半では風の吹いていないときの風鈴のようで、呼び出しの音はほとんど聞こえない。残念ながら40代は論外で、駅に停車中の急行列車のように、窓を開けてもまったく顔に風はあたらない。

もちろんこれは男性においても同じである。僕も経験上、10代、20代のころはチヤホヤされた記憶はあるが、30代からは自分自身で人生の運を摑《つか》んでいかなければならなかった。

そしていつのころからか、「人は人生において、若くない時期を長く生きるのだ。ならばそこを充実させていく以外に人生を謳歌し、満ち足りたものにする方法はないのだろう」と思い至ったのである。僕たちは若くない時期、40代、50代、60代、70代、そしておそらくは80代の50年間を生きるのだ。これを考えれば、どこに人生の重きを置くかは歴然としている。

そういうわけで、もうずいぶん前から僕は60代を人生最高の時期と考え、そこに向けてあれこれ準備を整えてきた。60歳を迎える前になにかをしなければ、なにか新しいことを始めなければ…。では、なにを？　自身に問いかけることが何度もあった。40代半ばから歌の勉強のためにニューヨークに3年ほど行っていた。当時歌手として不足しているものがなにか、ということを僕自身が痛いほど理解していたからだ。単刀直入にいえば、歌のテクニックだ。それを補わなければ、その先は歌手として自分をごまかしながら生きることになるだろう、と。

そして、今年の秋で5年になるが、かなりのことを左手でやるように変えた。つまり左利きにしたということだ。お箸、歯磨き、基本的に日常生活において可能な限りだ。ゴルフ場のティーグラウンドでティーをさすときも自然に左手を使っている。というか、いまではティーアップの微妙な高さの調節は、左手でしかできなくなってしまったようだ。いつしか意識が無意識に変わってしまった。人は、60年で生まれた干《え》支《と》に還《かえ》るという。つまりそこから新たな始まりという意味も込めて、残りの人生の体のバランスも考え、左利きでもいいと思ったのだ。

そうして、あと数年で60歳というころにさらにいろいろ考えた。新たなことを始めるのも大切だが、やめることも同等に価値があるのではと思い、大好きな酒をやめた。ディナーのときには必ずといっていいほどお酒を飲んでいたし、友達とのディナーでは毎回僕のところに、「ひろみさん、ワインお願いします」とワインリストが回ってくるぐらいだった。ディナーに合わせたお酒、それらを飲みながらの会話は弾み、本来陽気な僕をさらに陽気にさせたほどだった。その大好きなお酒を一滴も飲まなくなり、もう2年になる。というかまだ2年しか経っていない。すべてのことに対して、僕的には3年続けて初めて意味があると思っているので、まだ1年は残っているということになる。つまりビデオゲームでいう、ファーストステージすらクリアしていない状況、という考え方だ。

神頼みという言葉があるが、やるだけのことをやった人間が最後に神様にお願いするから、神様も願いを聞き入れてくれるのであって、なにもやらずにお願いしても、間違いなく聞き入れられない、と僕は思う。つまり、溺れていくその手を最後の最後で引いて助けてくれるのか、残念ながら手を引かれずにそのまま沈んでいくのかである。これは大きい。人生においては、本当にその人のそれからを左右するほどのものだ。

だから、40代半ばでニューヨークへ歌の勉強へ行ったり、酒をやめたり、とあれこれ自分なりに60代からの成功を信じて、それに向けてやってきたわけだ。そして、やっと僕も神頼みをしてもいい段階に入れる気がする。

これからの10年間を、「もう60歳か、僕の人生はこの先、楽しいことなんかないんじゃないか、もうおしまいじゃないか」とネガティブに考えれば、人生はつまらなくなっていく。人生の目標を失いかねない。しかし、「これから僕の最高の時がやってくる」と思いながら過ごす10年間は、きっと有意義で楽しいものだろう。結果は僕が70歳になったときに出る。そして、結果は一瞬だ。しかし、プロセスは60代という10年間もある。どのような結果になろうが、10年という年月を前向きに過ごし、そして明るく楽しく生きることができれば、その後の人生に向かえる気がする。

『黄金の60代』

自身がわくわくしながら迎える60代は、けっしてマイナスではない。有言実行。こうして公言することで僕のモチベーションを上げることができ、そこへ向けて気持ちを高めていくことができるなら、大きな声でいいたい。僕の成功は60代から始まる、と。それが黄金色《こがねいろ》に輝かせる僕の人生なのだ、つまり黄金の60代なのだ、と。

02 死ぬまで発展途上

先日、僕は叱られた。

人間も60歳ぐらいになると人から叱られることはまずない。叱ることはあっても、叱られたり、あれこれうるさく指摘されたり、ということはないのだ。

僕は基本的にタイマーを使ってトレーニングしている。セットした時間でピピッ！ピピッ！ と終わりを教えてくれるとても便利なものだ。いまどきのジムはＢＧＭが流れ、小さな音などかき消されてしまう。なので、ある程度の音量が出るタイマーをわざわざ探したほどだ。

去年（２０１４年）の12月、とあるホテルでのディナーショーの際に、そのホテルのジムへ行った。ジム内にある静かなスタジオで、僕はタイマーを使い、ひとりトレーニングに集中していた。すると、会員らしき男性（僕より少し年上かな）が来て、トレーナーとパーソナルトレーニングを始めた。15分ほどしたころだろうか、その男性がいきなり、「タイマーの音が気になって、回数やタイミングが取れないんですよねぇ」といってきた。僕は、「あっ、すいません！」とすぐにタイマーをしまい、ストップウォッチを使うことにした。

いわれてみれば確かに、ピピッ！　ピピッ！　という音は集中して行っているトレーニングの回数や、タイミングを狂わせるものだ。とはいえ、こうして注意されたのは初めてだった。

翌日、僕は微調整しながら、まるでこけしを作る職人のように、タイマーの音が出る小さな穴にセロテープを貼り、音量を調節することにした。まず一枚貼り、音の漏《も》れ具合を確かめた。かなり小さくなっている。念のため重ねてもう一枚貼ってみた。これでは、閉めきった窓の外で大きく揺れている木々のように、ほとんどなにも聞こえない。僕は重ね貼りするのはやめた。一枚で充分だ。

お叱りは人間を成長させる。

1月中旬に父が他界した。あっという間だったな、というのが正直な気持ちだった。

とはいえ父が倒れるたびに、要介護認定の等級が上がるごとに、あるいは両親の自宅の階段にリフトや手すりを設置したときに、不思議と心の準備は整っていった。

そして告別式の出棺《しゅっかん》前、たくさんの花に埋もれた父の顔は、きれいだったし、どこか満足そうに見えた。僕が知る限り、母には最期まで、「ありがとう」といわなかった父。照れ屋で、口下手だった。その分かどうかはわからないが、母は強かった。父がなにかを話し始めると、極めて性能の高い弾道弾迎撃《げいげき》ミサイルのように、その話を打ち落とし、自分がしゃべり出してしまう母。そして、「お父さんももっとしゃべりなさい！　じゃないと、ボケてしまうよ！」。

嘘だろう!?　あんたがオヤジの話を全部とってるんだよっ、と心のなかでつぶやく僕。

その母が父に向かって、涙ながらに最後の言葉をかけていた。「あんたも、毎日怒られてばかりできつかったでしょう」

僕は内心笑った。だったら、父が生きてるうちにもっと優しくしてやれば良かったじゃん！　と心のなかで母にいった。いまさら、ここでかい！　と思った。周囲は母の言葉が聞こえなかったように涙に暮れていた。聞こえていたとしても、誰も僕とは目を合わせなかったし、その瞬間に涙顔から真顔に戻った人もいなかった。会葬者《かいそう》の方々は僕と違って人間ができていた。

喪主は母だったが、出棺の挨拶は僕がやるよう母にいわれた。夕暮れ近い太陽が、背中を押されながらしぶしぶ西へ向かっているように、長男だが喪主でない僕は、不承不承うなずいた。「本日はご多用中にもかかわらず、父の葬儀にご参列いただきまして〜」、という決まり文句から始めたが、あまり堅い話もどうかと思い、生前父と交わした会話にふれていった。そして、いつもの癖で話をしながら何気なく腕組みをしてしまった。そのとき隣にいた母から、いきなり左肘をはたかれた。もちろん、こんな挨拶の最中に腕組みはもってのほかという意味が込められていた。僕は腕組みを解き、何事もなかったかのように話を続けたが、母のこの一撃は久しぶりに僕の内面まで届いた。ウィリアム・テルが放った矢のように、(頭の上のリンゴではないが)僕の心のど真ん中を射た。やっぱり母の息子に対する躾《しつけ》は、父の葬儀の最中でも、今年(2015年)60歳になる僕に対しては健在だった。

僕は母からスパルタで教育された。お箸の持ち方が悪いと手を叩かれ、お茶碗とお箸を持つ両肘の角度が広がりすぎだと肘を叩かれ、口答えをすると頰《ほお》を打たれた。原《はら》武《たけ》（僕の本姓）家では親への口答えはもってのほか、と躾《しつ》けられたのだ。学校の成績より、行儀や礼儀を重視された。服を着る前にマナーを身につけるというのが原武家の家訓、と勝手に僕が決めた。

思えば、いま僕のことを叱れるのは、あのジムでの男性のようにまったく僕のことを知らない人か、あとは母だけだろう。あの男性は間違いなく僕が郷ひろみだとは気づいていない。

『自信』と『過信』という言葉があるが、僕はこの二つの単語に対して、自分なりの明確な定義を持っている。自信を持つということは自分の能力を信じること、そして過信するということは自身の能力を信じるが、そこに驕《おご》りや高ぶりが加わること、と思っている。つまり、人間はいくつになろうが謙虚さを失わないことが大切なのだ。驕りは心の目を曇らせ、苦言を呈してくれる人間を排斥《はいせき》する。それに、過信はいつか必ず足をすくう。

人は歳を重ねれば重ねるほど叱られなくなる。だからこそ叱られることは大事なのだ。そして、いくつになろうが、お叱りは気づきなのだ。

つまり、人に叱られるというのは、まだその人に伸びしろがあるから、と僕は解釈している。〝人間は、死ぬまで発展途上〟、これは僕の信条だ。そしていくつになっても何事も謙虚に聞き入れることが大切だ。

そういえば先日ジムで、ピピッ！　ピピッ！　というタイマー音が若干大きくなっている気がした。ぼちぼちタイマーの音量調節の、擦り切れてきているセロテープも替え時かも…。

03　柔軟性を持つ

ある学問によれば、人には誰でも生まれたときからラッキーナンバーとラッキーカラーが備わっているという。それらは生年月日で決まるのだそうだ。つまり、僕たちはそのナンバーやカラーを持ってこの世に生まれてきたというわけだ。そして、それらを生涯変わることなく持ち続けていくという。とはいえ、こういったことは信じる人には意味があるが、信じない人にはただの戯言《ざれごと》だ。

今年（2015年）、10月18日の誕生日が来れば僕は60歳になる。まあこれは、健康であればいまの日本なら基本的にかなりの人が到達できると思うので、別段胸を張って誇るほどのことでもない。そして、今年5月20日には僕の100枚目のシングルCDが発売された。100枚という数は単純に計算しても、年2枚のシングルを出し続けて50年かかる。なので、僕が到達した100という数は少しは誇れるかな、と自分では思っている。とはいえ上には上がいるので、そこはあくまでも通過点という考え方が僕の頭の大半を占めている。それにこの数字にはファンをはじめ、多くの人たちに支えられながら辿りつくことができた。思うに、僕の周りの人たちのほうがじつは僕以上に喜んでいるのかもしれない。

さて、その生涯のラッキーナンバーだが、僕の場合は『2』と『7』である。一生変わることのないものなので、日常生活でもいつもその数字を意識し、いろいろなところで使っている。たとえば、ゴルフバッグには27が刺繍《ししゅう》されているし、ゴルフボールにも27を印字している。携帯番号も2や7が入ったものを探してもらい、それを手に入れた。車のナンバーにもそれらの数字が入っている。新幹線も700系しか乗らないし…、飛行機もボーイング777しか乗らない…（それは嘘だけど）。

よく考えてみれば、今年は平成27年。そして僕の1枚目のシングルがリリースされたのは1972年だった。このように2と7の数字が偶然に重なることに縁を感じる。

「えっ!?　郷ひろみは5じゃないの…」と思われる人もいるかもしれない。もちろん『5』という数字に縁が深いことは間違いない。というか、5も僕とは密接な関係にある。縁あって僕のそばにいるというか、僕のほうがそばにいる数字なのだ。ちなみに、僕は1955年生まれだ。去年生まれた僕の双子の息子たちの体重は二人合わせて5500グラムだった（これは本当だ！）。そして、朝は5時55分に目覚まし時計なしで目が覚める（これもかなり本当だ）。

1から10の数字にはそれぞれ意味があるというのを聞いたことがある。数秘学という学問があり、古代バビロニアなどで発展した数の神秘を研究するものなのだそうだ。『5』は〝変化〟を表し、留まることをせずに進化を求めて活動していく力を持っている。さまざまな思考、心の不安定さ、体験による学び、それらを通してつねに変化する、と、ある本には書かれている。ちなみに、『2』は相対（協調）で、『7』は飛躍（変革）だそうだ。

とにかく、5は変化を表す数字なのだ。僕自身、変化の先にしか進化はないと思っているだけに、5という数字の象徴が変化であることに妙に納得し、親近感を持ったことを覚えている。

「ひろみさんはいくつになっても変わらないよねえ」、と人からいわれることがある。ある意味褒め言葉と受け止め、ありがたく笑顔を返している。が、じつは僕がもっとも変化しているのに、と内心思っているのだ。

僕がデビューしたときは完全なるアナログの時代だった。もちろん携帯もパソコンもない、一般の家庭にビデオデッキすらなかった時代だった。わずか四十数年で科学技術は飛躍的な進化を遂げ、僕たちの生活を大きく変え、そして支えてきた。音楽もアナログからデジタルに移行し、レコードからＣＤへ、いまでは小さな携帯電話に何万曲という楽曲がおさまるような時代になった。そして、手塚治虫さんの漫画で読んでいた、腕時計に電話機能がついている時代が本当に来てしまったのだ。

僕はその時代の変化に必死でついていっているだけなのだ。遅れまいと必死にもがいて、なんとかくっついていっているのだ。世の中の変貌に取り残されまいと、ぶら下がりながらでもついていっていることが、それが人から見たときに、「ひろみは変わらないよね」と映るのではないだろうか。つまり、その変化についていかなければ、「ひろみも変わってしまったよねえ。昔は良かったのに…」となるのだ。それは変化を恐れて過去の自分に、過去の栄光にすがってしまい、自分を変えられないと起こってしまうことだ、と僕は思う。

いまから17、18年ほど前にスタッフに薦められ、インターネットを通じてファンとの交流をさらに深めようと、いち早くネットに触れた僕は、じつは自身でもかなり戸惑ったことを覚えている。本当に電話回線でメッセージが送れたり、音楽が聴けるのだろうか、と。それがいつのまにか光ファイバーに変わり、音楽や映像を簡単に送れるどころか、テレビをモニター代わりにして、ソフトを提供する時代になってしまった。

つまるところ、大切なことは可能な限り時代の兆候《ちょうこう》を読み解くことではないだろうか。そして社会の微妙な変化を理解し、流れをいち早く解釈する柔軟性が大切なのでは、と僕は思っている。

ちなみに、僕は今年の7月2日はどこのステージに立つのか調べてみた。残念ながらその日は千葉県松戸でのコンサートの前日で、スケジュールはなにも入っていなかった。最高のステージを、と思っていたのに…。午前中はジムへ行くぐらいの、まったく普通の日だった。でも、7月2日の午後2時27分には都内のお寺へ墓参りに行くか、あるいはファンにメッセージを送ることにしよう。

04　葛藤こそ、進化のタネ

僕が35歳のときに、「やっと、少し歌が歌えるようになったかも…」という感覚が訪れたことを覚えている。明るい兆しが頭のなかに芽吹いた音が聞こえたような、そんな気がした。しかし、残念ながらそのときにはすでにデビューしてから約20年が経とうとしていた。20年近くも経ってやっとその段階か、というネガティブな気分に落ちていきそうになった。でも、「待てよ。おぎゃあと生まれた赤ん坊が成人するまでに20年かかり、それから前途洋々たる自身の人生を歩いていくんだ」。そう、僕も同じだ。歌手として約20年が経ち、これから希望に満ちた自分の道を歩いていくのだ、というポジティブな思考に切り替えた。つまり、意識改革を行ったのだ。

そしてその後に、バラード3部作といわれることになった1作目の『僕がどんなに君を好きか、君は知らない』という歌に出会った。

「この曲はどうかな？　楠瀬《くすのせ》誠志《せいし》郎《ろう》さんがアルバムに入れていたもので、次のシングル候補曲にと思ってるんだけど」、とスタッフの一人がNHKの楽屋で僕に聴かせてくれた。

なんてスケール感があるんだろう。それにファルセットあり、スキャットあり、盛りだくさんだ。歌う人の意欲を駆り立てるチャレンジングな楽曲だ、と思った。僕はぜひ歌ってみたい、という意志を伝えた。

もしあのとき、ネガティブな気持ちしか持てていなかったなら、どうなっていただろう。その曲を聴かされても、挑戦する意欲を持たずに断っていたかもしれない。そうなれば1作目はおろか、2作目の『言えないよ』、3作目の『逢いたくてしかたない』にももちろん出会うことはなかっただろう。

1年に1作ずつ出してできあがったバラード3部作は、大きな節目になったことはいうまでもない。バラードという新たな自分の世界を見つけることができたことは肝《かん》要《よう》な変化ととらえているし、歌手にとってすばらしい楽曲との出会いは後《のち》の進化につながる。それは僕が身をもって体験し、理解している。

しかし、「やっと、少し歌が歌えるようになったかも」という程度の意識の裏側には、まだ自身が納得できるレベルではないという感覚があった。何かが足りない…。

まるでくすぶった生木のように、僕の心のどこかが少しずつ煙を出していた。

そして僕が40歳を越えたころだった。満足のあとには不満足がやってくる。一つ別な世界を見つければ、また違う世界を見つけたいという衝動が生まれた。とはいえ、いったいどこへ向かえばいいのだろう…。そうやって迷いという静寂《せいじゃく》を見つめているうちに、声も聞こえず、出口も見えない闇の入り口に僕は立っていた。そして指のあいだからこぼれていく砂のように、つかもうにもつかめない虚無感を帯びた時間だけがただ漠然と過ぎていった。

くすぶっていた心に火が熾《おこ》ったのは1998年の秋だった。僕はあることをひそかに決めた。それは誰にも打ち明けなかった。この考えを誰かに相談すれば確実に反対されることがわかっていたからだ。

僕は3年後に、無期限でアメリカへ歌の勉強に行くことを決断した。『GOLD FINGER'99』という曲に出会う前の年だった。

自分に不足している歌の技術を補《おぎな》うことがこの先の人生を変えていく。何年かかろうが、それを手に入れなければ今後の自分はない、と僕は確信していた。3年かかるか、あるいは5年かかるかわからない。これまでに何度もアメリカにはレッスンに行っていたが、これが郷ひろみにとって最後の長い旅と思い、それを習得するまで日本に帰り、公《おおやけ》に仕事をするのはやめよう、そう固く決意した。

なぜ3年後のアメリカ行きだったのか。それはただの思いつきかもしれない…。自身の意志が確かなものであるか、しっかり見極める時間が必要だった。そして、僕の周りで仕事をしてくれているスタッフに、僕がしばらくいなくなるあいだの準備をしてもらうのにも不可欠な期間と思っていた。僕は翌年の1月に、数名の側近《そっきん》にだけそのことを伝えることにした。いろいろな人たちに迷惑をかけたくなかったからだ。側近たちは、一度決めたら僕の意志が覆《くつがえ》ることはないだろうな、ということは感じていたようだ。その証拠に誰も僕の決定に反対はしなかった。

アメリカ行きを決意した翌年の1999年春、僕は『GOLDFINGER'99』と出会うことになる。ヒット曲の威力は絶大だ。それまでの僕をとりまく状況が一変した。しかし状況が一気に好転するなか、僕は自身が出したアメリカ行きという決断をずっと心のなかに抱き、葛藤という鎧《よろい》をまとい過ごしていた。

状況が良くなればなるほど、このままなにもせずに自分の足りない部分に目をつぶり、自身をだまして過ごしていくという手もけっして悪くはないのでは、と思った。それに、たとえ歌手として自分に不足していた技術を手に入れ、数年後に日本へ戻ってきても、僕のいる場所はなくなっているかもしれない。だからこのまま日本にいたほうが賢明なのでは、と。

一方で、テクニックというものを手に入れ、日本へ戻ってきて郷ひろみとして受け入れられなかったとしても、それを手にした自信で、僕は次のなにかに進めるのでは、とも思った。それに、このままなにもせず甘えてしまい、いつしか状況が悪化したら、自分の60代にはいったいなにが残るのだろう。後悔しか残らないのでは…。あのときやっぱりアメリカへ行って勉強しておけば、という忸怩《じくじ》たる思いと悔恨で、僕は60代以降を過ごすことになるのでは…。嵐に遭遇した船のように、右に左に大きく思考が傾き、僕は葛藤で大きく揺れていた。

そして最終的に、後者が迷いという闇のなかから僕の体を引っぱり上げた。

決断してから3年後の2002年1月、僕はニューヨークへ渡った。

05 技術を磨き続ける

2002年1月、歌手として足りない技術を補うため、僕はニューヨークへ渡った。最終的にその足りない技術を手に入れた感触を持つまでに、3年という月日を費やすことになる…。

ニューヨークに住みだしてから、とあるボーカルティーチャーに週1回のペースでレッスンを受けていた。3か月ほど経ったある日、デイビッドという友人から、ドクター・ライリーという世界で3本の指に入るといわれているボーカルティーチャーを紹介できるが、興味はあるかと尋ねられた。ちなみに彼はセリーヌ・ディオンやいまは亡きホイットニー・ヒューストンなどを教えていた。好奇心旺盛、変化を求める僕は二つ返事で彼のレッスンを受けたい意志を伝えた。ただし今回は特別に受けるが、レギュラーとしては教えない、つまり1回だけのレッスンとデイビッドから事前にいわれていた。

春のある日、僕は彼のスタジオを訪れた。インディアンの血を引き、ポニーテールという髪型の彼は、とても恰幅《かっぷく》が良く、どこかサンタクロースを思わせた。自身でもオペラを歌い、柔和で懐の深い人、というのが僕の第一印象だった。

初めてのレッスンが終わったときに彼から、「ひろみ、次のレッスンはいつにする？」と訊《き》かれた。僕は内心、「えっ!?　レギュラーで教えてもらえるのか？」と叫んでいた。そして、そのときに僕は1か月先までのスケジュールを決めていた。いままでの倍のレッスン料だが、その価値は充分ある。僕は自分のすべてを彼に託すことにした。

翌週から週1回、彼との50分のレッスンが始まった。僕は毎回レッスンを録音し、それを毎日聴き返しながら自主練習を朝晩やり続けた。夜は時間を増やし、自分の持ち歌も歌い、より実践的に行った。旅行のときですらホテルの部屋での自主練習を欠かさなかった。

空いている時間を有効活用しようと、僕は朝の自主練習が終わり次第、とある英語学校へ通うことにした。英語も一日4、5時間勉強し、それを週6日続けた。1年もするころには、その英語学校のマーケティングのスタッフからランチに誘われた。あれは明らかに接待だった。それほど長く、多く、授業を受けていた証拠だ。しかも正規の料金で…。彼らにしてみれば、一度釣った魚は逃したくない、みたいなものだったのだろう。

さて話を戻して、そのドクター・ライリーだが、彼の教え方はある意味、オペラを基礎としていた。声の出し方の基本中の基本だった。とはいえ、オペラのような発声をそのまま歌にしても僕の良さは出ない。つまり郷ひろみが郷ひろみではなくなる、と彼はいう。なので、もっとポップな感じにする技法を教えられた。初めはなにをどうするのか、どのようにすればそうなるのかまったくわからなかった。

数か月経ったが、進歩は見られなかった。僕はなかなかできないことへの焦りを感じ始めた。しかし自分にいい聞かせた。「必ず習得できる。いや、するんだ。ここは我慢してやり続けるしかない」。自身を叱咤《しった》激励した。

そうして半年が過ぎるころ、少しずつ彼のいわんとしていることが理解でき、正しいといわれる発声ができるようになってきた。技術的な前進が少しずつ見え始めたのだ。昨日まで肘這いしていた赤ちゃんが、あれっ？　気がつけば肘も膝もつかずに高《たか》這《ば》いしているみたいなもので、目に見える成長を感じることができるようになってきた。

そして、僕はビブラートも変えられた。ドクター・ライリー曰く、歌も時代とともに進化している。昔のビブラートは深くゆっくりだったが、いまは浅く、そして速めだと教えられた。ひろみのは若干深い。それをもっと浅くし、間隔を狭める。つまりビブラートのスピードを少しだけ速める。それが〝いまの歌手〟として、聴く人に感じてもらえるかどうかの鍵なのだ、と。一度身についた癖を取るのは大変だ。服のシミや習慣がなかなか取り除けないのと同様に。しかし、僕は自分を信じた。必ずできるようになる。そして日本へ戻り、絶対にもう一度郷ひろみに戻るんだ、という強い意志のもと、やり続けた。

そうして気がつけば3年が過ぎようとしていたときに、自分の声の大きな変化を知った。声がビジュアライズできたのだ。はっきりと自分の声を見ることができた。鼻の先のほうで渦を巻き、芯のある、核のある声がそこにはあった。ついに僕は探していたものを見つけたという達成感、安堵感、そしてやればできるのだという大きな自信を手にすることができた。「ひろみがニューヨークへ戻ってきたら、いつでも優先的にレッスンの依頼を受け入れるので」、と日本へ戻ることを伝えに行った最後のレッスンでドクター・ライリーからいわれた。僕は永久シード選手の証明書を手にした気分になった。

機は熟した。2005年の春、僕は日本へ戻ることを決意し、郷ひろみ再開へ向けてニューヨークのジョン・F・ケネディ空港をあとにした。

日本での3年間の空白という、僕にとっては大きな代償を払い、歌手として自分が探していたテクニックを手にしたのだ。それは砂漠で見つけた30カラットのダイヤモンドにも値する存在だった。形あるものは壊れる。しかし、知識や技術は僕が死ぬまで、この脳みそがつぶれるまで朽ちることはないのだ。

とはいえ、技術を磨くことに終わりはない。逆にここからが大変なのだ、と自分を戒《いまし》めた。パウロ・コエーリョの『アルケミスト』のエピローグに書かれているように、人生は運命を追求する者にとっては、本当に寛大なのだ。僕は少年サンチャゴのように、ウリムという忍耐と、トムミムという努力を、新たに手に入れたテクニックという財産の上に置いた。

決断するのに遅すぎるということはない。唯一後悔するとしたら、その決断を実行するのに時間がかかったことだろう。

僕がこのアメリカ行きを決行したのは、決断してから3年後の、46歳だった…。

06 他人と比較しない

僕は朝起きてその日を有意義に過ごすためにも、朝の行いは殊《こと》の外《ほか》大切にしている。長いことベッドでぐだぐだと脳が覚醒するまで待つことはない。「あと5分だけ…」、などとベッドに入っている人は、今日できることを明日に延ばしてもいいだろう、という考え方をする人のように思う。

僕が朝起きてまず初めにすることは、神棚《かみだな》のお榊《さかき》のお水を替えることだ。僕にとって神棚に向かうことは、神聖な朝の第一歩だ。普通の神棚同様、僕の自宅の神棚にも2本のお榊が白い花器に入れられている。それには『自然回帰水』という水道水を浄化させたお水が入っていて、毎朝入れ替え、お榊の茎の部分を丁寧に洗うのだ。基本的にお榊は月2回（毎月1日と15日）新しいものに替える。そして、神棚にそれらをお供えして、〝二拝二拍手一拝〟で感謝とお願いごとをするのだ。そう、二礼二拍手一礼ではなく、二拝二拍手一拝なのだ。

拝むということ、礼をすること、そして会釈というのはそれぞれ基本的に違うのだそうだ。両手を両足の付け根辺りから膝まで沿うように降ろしながら頭を下げ、腰を90度ぐらい曲げることが〝拝む〟という行いで、それが神棚に対しての行為だ。〝礼〟というのは、45度ぐらい腰を屈めて前傾し、〝会釈〟というのはそれよりさらに軽めの15度ぐらい頭を垂れることだそうだ。

なので、神棚に対してはしっかりと二拝二拍手をし、僕的には昨日の感謝、そして今日一日がまたすばらしい日になりますように、というようなお願いごとをする。とはいえ、神様に対してお願いごとをしてはいけないというようなことも聞いたことがある。感謝の気持ちだけを伝えるのだそうだ。だが僕は決まりに反して、必ず前日の感謝と、その日も良い一日になりますように、などとあれこれお願いをし、最後に一拝して朝の行いを終える。

信じる気持ちというのは、神様やご先祖様に対してであれ、僕たちの周りにいる〝人たち〟に対してであれ、僕は同じように思う。形あるものなのか、そうでないかの違いだけだ。僕にしてみれば、見えないもののほうが自分の内部を見られているようで怖い気がする。なので、僕が、「人に見られていないときこそ、より自分を凛《りん》とさせねば」と思うのはそこなのだ。つまり、僕のなかにはつねに、人には見られていなくても神様やご先祖様が見ている、という意識がある。見られているときと、見られていないときで変化をつけるほうが面倒だと思うし、自身の気持ちのなかではそこに違いを持つこと自体、それは〝嘘〟になるという思いがある。

ちなみに、僕は部屋でのんびりしているときでも、パジャマのままソファに寝っ転がってテレビを見たり、新聞を読んだりはしない。その行為自体が性に合わないのだ。嫌なのだ。

僕たちは日常的に心のなかで、「あの人は信じられる、いやそうではない」などと勝手に判断している。神とか宗教は信じないが、自分自身の判断は信じるという人もいる。しかし、それは僕にしてみれば、人や自分を信じることができるなら、神様やご先祖様を信じるのも同じことなのでは、と思う。それにそうした存在は、長い人生の経過を見てくれている。だから、僕たちを裏切ることはない。辛く険しい道のりであろうが、それはその人に与えられた大事な経験なのだ。別れや悲しみ、そして苦しみは、その段階でそうなることが最善と神様が導いてくれたのだ。もっと悲惨なことになる前にそうしてくれた、と僕は思っている。

いうは易く行うは難し。こうしていうのはたやすいだろうが、なかなかそれを行うことはできない。確かに…。

試練は乗り越えるためにある、といわれる。いまある試練の先にある新たな試練に向かうために、目の前の試練を乗り越える、という意識を僕は持っている。絶対に負けない、と。負けても、いつかは必ず勝って、そして笑う、と。

いまから40年ほど前の年末（1975年）、レコード大賞授賞式があった。当時僕のライバルと周りがいっていたのは、西城秀樹、野口五郎だった。その年彼ら二人は大賞候補ベスト10に選ばれたが、僕一人が落選した。会場をあとにしながら僕は自身を叱った。「落とされて当然だ。いまの歌唱力なら受賞するはずがない」、と。そして僕はひそかに誓った。絶対にもっと歌が上手く歌えるようになる。いつか自身でも納得できるぐらいボーカル力をつけるんだ、と。僕は、上手くなる人とそうでない人の差は、ほんのわずかなことの積み重ねをしていくかどうかだ、と自分にいい聞かせた。

それから、1年後。僕は『あなたがいたから僕がいた』という楽曲で、レコード大賞大衆賞を受賞した。でも、これで勝ったなんて思っていなかった。たかが1年ほどでテクニックが上達するほど歌うことは簡単なものではない。ただ、僕はその意識を持ち続けたのだ。そして、それはいまでも僕の心のなかに存在している。上達に終わりはない、と。

勝ち負けは人に対して抱く意識ではない。自分自身に対するものなのだ。他人に抱くのは短絡的で、自身に抱くのは建設的だ。それに人生は長い。これから先どうなるかなんてわかるはずがない。だからこそ他人と比較するのではなく、自分のなかだけで高い意識を持ち続け、自身を鼓舞させていくことが大切なのでは、と僕は思っている。

「親として、一人の男性として、そして郷ひろみとして、誰に背中を見られてもいいように、もっともっと成長し、精進していきます。どうぞ、多くの苦難を乗り越えていく力を、僕に与えてください。そして、お導きください」

これは僕が毎朝神棚にお願いしていることだ。

僕が神棚に手を合わせるのは、自身への誓いと、僕を支えてくれている多くの人たちへの約束でもあると思っている。けっして偽りのない人生を歩むという。

07 人を思いやる気持ちを持つ

僕が初めてアメリカを訪れたのは1971年、15歳のときだった。ロサンゼルス、サンフランシスコというアメリカ西海岸から最後はハワイを旅し、すべてのモノの大きさに驚かされた。人も、車も、建物も、そしてお皿に載った食べ物も、なにもかもが大きかった。日本にはない〝大きさ〟に驚かされ、それらに目をみはったこと、ゆとりある圧倒的な存在感に心を奪われた。僕に向かってドーッと押し寄せてくるあらゆる視覚的なシグナルを処理するため、頭のなかはフル回転したが対処できず、僕は無意識にポカンと開いた口を、意志の力を借りて、やっと閉じたほどだった。

それから4年後。僕が初めてアメリカ東海岸のニューヨーク（以下NY）を訪れたのは19歳のときだった。この街からは西海岸以上のカルチャーショックを受けた。NYが持つ膨大なエネルギーにはじき飛ばされそうになった。はじき飛ばされそうになりながらも、なんとか必死に前のめりに足を踏ん張っていると、今度は逆にそのエネルギーの核から発せられた光のなかにあっという間に吸い込まれていったことを覚えている。それほど衝撃的な出会いだった。僕は一瞬でこの街に魅了されていった。

NYで初めて受けたダンスレッスンは、ビギナーのクラスでさえ当時の僕は他の生徒についていくのがやっとだった。それにボーカルレッスンの先生は僕より一つ年下の18歳で、彼はまだ大学生だった。これは驚きだった。アメリカは実力さえあれば、10代でも人に教えることができるのだということを認識した。完全な実力主義ということを、身をもって知ることになった。

そして、レディ・ファースト（Ladies first）という、僕にはそれまで馴染みのない言葉を初めて耳にしたときでもあった。というか、15歳時のアメリカ西海岸の旅でもそれは聞いていたのかもしれないが、ただそこに意識が行かなかったのだろう。右の耳から聞いて、左の耳から抜けていったのだ。

NYではレストランに入るときも、男性は女性を優先させていたし、タクシーに乗るときでさえ、女性のためにドアの開け閉めをしていた。当時の日本でそんな光景を目にすることはなかったように思う。なんでも形から入る僕は、「これが格好いいんだ！　これが大人の男性なのだ！」と勝手に解釈した。

以来、僕は女性を優先することを必死に真似し始めたことを覚えている。19歳の僕には羞恥心もなく、無知という大胆さのほうが大半を占めていた。なので、学べることはすべて、なんでも吸収したい、とその一心で行動していた。

それから僕は毎年のようにアメリカへ行き、歌やダンスのレッスンなどを重ねた。しかし、一朝一夕では身につけられるはずがないということも、進歩がなかなか見えないなかで知っていった。僕は覚悟を決めた。５年先、いや10年先を見据えてやり続けるしかない、と。

それからおよそ30年後、僕はＮＹに居を構えていた。

ある日、僕は住んでいたマンションの階から買い物へ行くためにエレベーターに乗った。そのときには、すでに数人の人たちでエレベーター内は混み合っていた。５、６歳ぐらいの少年。その隣にはその子のお父さん。ご年配の方。そして２、３人の女性たち。ある階で止まるとさらにご年配の女性が乗ってきたので、真ん中のドア前にいた僕は階数などを表示しているパネル側へ移動し、その女性のスペースを作った。

そして、しばらくすると僕たちを乗せたエレベーターは1階に着いた。パネル近くにいた僕はさらにパネルの前に移り〝開く〟のボタンを押し、他の人たちをうながそうとした。そのときに、僕とは反対側に乗っていた少年が真っ先に降りようとした。当然だ。子どもなのだから。が、その瞬間、その子の父親が無言で彼をつかまえ、自分の両腕にやさしく抱き入れ、その少年の動きを制止した。そして、さり気なく女性たちから先に降りるようにうながした。

父親はなにもいわずにその少年に教えていたのだ。レディ・ファーストということを。そしてなにが人として、後の男性として大切であるか、を。つまり、この時点でこの子の人格を認め、男子としてどう振る舞うことが大事なのかを無言のうちに教えている、と僕は思った。というか、僕自身がその子の父親から教わっていたのだ。沈黙のなかで。

アメリカへレッスンに行き始めたときから、レディ・ファーストとは単純に女性を優先することと僕は思っていた。そうすることがジェントルマンであるかのように、ただ表面的な真似だけを自分のものにしようとしていた。確かにレディ・ファーストはドアを開けるとき、椅子に座るときなどに女性を尊重し優先するという欧米の習慣やマナーではある。しかし、あるときからそれが本質ではないのでは、と僕は思うようになった。つまり本質的には、弱い人たちを優先するという、人間本来のやさしさが根底にあるのではないだろうかと考え始めた。

たとえば僕から見て優先すべきは、子ども、ご年配の方、女性、そして他人という順なのだ。その気持ちがレディ・ファーストへとつながるのではないだろうか。なにがなんでも女性を優先するという形ではなく、人を思いやる気持ちを誰に対しても持つことが大切で、その気持ちの表れがレディ・ファーストへと結びつくのではないだろうか、といいまでは考えるようになったのだ。

経験は知。行動は忍。そして想像力は人間的な幅だ。つまり、実際に目にしたり、聞いたりすることで知識を得る。行いを通して苦難などに耐えなければならない忍を知る。そして心のなかになにかを思い描くことで、気持ちが豊かになったり、人間的な幅が生まれたりするのではないだろうか。

08　緊張感を愛する

今年（２０１５年）の全国コンサートツアーが10月18日に東京国際フォーラムで、50ステージ目のファイナルを迎えた。この日はコンサートライブの撮影も兼ねているので、僕の意識は朝起きたときからというより、前夜からかなり高ぶったものになっていた。とはいえ、それで眠れなくなるほど僕のキャリアは短くなく、眠ると決めた時間に、遠ざかっていく機関車の煙のように意識はなくなっていった。

僕は前日まで59歳、朝８時に起きたときには60歳になっていた。つまり、この日はコンサートファイナルでもあったのだが、僕の誕生日でもあった。が、朝起きたときに頭に浮かんだことは誕生日ではなく、コンサートファイナルのことだった。それほど僕の気持ちはファイナルに向かっていたし、万全の態勢で声も映像もベストのものを残さなければならない、そのことを誰よりも自身が意識していた。

僕は朝起きて神棚に手を合わせたあとに、自宅で腕立て伏せ、腹筋、スクワットなどのトレーニングを軽めにすませた。そしてシャワーを浴びた後、11時には出発し、原武家のお墓がある都内のお寺へ向かった。

車を降りて木々に囲まれた墓地に向かう階段を上がりきると、秋晴れのすばらしい天気を全身で感じた。僕は墓地の入口で一礼し、原武家のお墓へ向かった。お花を差し、線香を点《とも》し、そこで眠る父とご先祖様に、今日がコンサートファイナルだということ、そしてコンサートツアーの完遂の感謝と報告をすませた。

そこからファイナル会場の東京国際フォーラムへ向かった。

スタッフと雑談を交えながら軽くランチをとり、ツアープロデューサーや演出家とのミーティングをすませ、僕はヘアーメークに入った。18時の開演までにコンサートの部分的な事前収録、「めざましテレビ」のインタビュー、新聞や雑誌、そしてワイドショーなどの記者会見をすませ、気がつけば開演時間の30分前になっていた。

コンサートは18時スタート。「今夜は10分遅れて始まります」、と舞台監督が告げた。

そして18時5分、僕はオープニングで着る金糸の刺繍が施されたクリーム色のジャケットに袖を通し、いつものように気持ちも体もマックスへ持っていった。そして、ついにオープニングの音が鳴り出した。僕はスタッフに手を上げ、暗いなか、舞台監督が足下を照らすマグライトの明かりを踏みしめるように、ステージセンターに設置された大きな扉の裏側に続く階段を上った。

自画自賛だが、その日はオープニングナンバーの『男願《だんがん》Ｇｒｏｏｖｅ！』から、ラストナンバーの『愛してる』まで、歌が完全に自分のコントロール下に置けているという感覚を持つほど僕の出来はすばらしかった。二十数曲歌っても、喉も体も疲れを感じることはまったくなかったし、自分的には最高の状態になっていた。ダンスや動きも、思ったところで緩急をつけることができている。つまり、完璧に体にキレがあった。

体のキレというのは、どれだけしっかり動きを止めることができるかで生まれるもの、と僕は思っている。そのシャープさが〝キレ〟なのだ。素早く動いて、パッと瞬時に止まったとき、人はそれを見て、「カッコイイ！」と思うのだ。

いまから30年ほど前にマイケル・ジャクソンを見ていてそう感じた。彼のなにが、すごいっ、と思えるのだろう…。僕は何度も何度も彼のビデオを見て分析し、あるとき自分なりに気づいた。彼は素早い動きのあとに、瞬時に止まっていた。どんなに短い時間でも瞬間的に止まり、次の動作に移っていた。僕はそれに気づいた。「これだっ！」、と思った。つまり、止まることが大切なのだ、と。それが体のキレなのだ、と。

人は彼がターンして止まった瞬間に、あるいは首を左右に振りそれをスパッと止めた瞬間に、ポーズを決めた瞬間に、「カッコイイ！」とため息をもらすのだ。どんなにスピードが出る車であろうが、大切なのはブレーキだ。ブレーキパッドがすり減った車に乗ると、かなりブレーキを踏み込まないと止まってくれない。人間の体もしかり。シャープな動きが生まれるのは、動いている体をどれだけしっかりと止めることができるかなのだ。止まらなければすべてダラッと流れてしまう。

もちろん、動きのすべてがピタッと止まることはない。ゆっくり止まることもあれば、流れるように動き、その流れのなかで静かに止まることもある。それはどんな音楽かによるのだ、と僕は思っている。しかし、必ず止まるのだ。

長いようであっという間に過ぎた一日だった。ファイナルコンサートが終わったときには始まってから2時間半が過ぎていたようだ。人間の集中力がどれほど持続するのかは知らないが、ステージだけを考えても僕はかなりの時間、集中していた。集中していたからこそ、自身のパフォーマンスを納得いく最高のレベルまで持っていくことができたと思っている。

僕の仕事はこういった機会を与えられることがある。それがなにより人間的な、精神的な、そして肉体的な刺激になっていると思う。

ステージはまるで麻薬のようで、そこに立った人間にしかわからない陶酔や刺激がある、といわれる。僕もそのとおりだと思う。ステージに立ち、幕《まく》が開くと完全に世界が一変する。それは、〝恐怖〟と〝歓喜〟のどちらかを味わう場所。つまり、自身のパフォーマンスの出来次第で、そのどちらかになるのだ。

自分がステージ上で歌ったこと、語ったことで、わずかな拍手しか得られない恐怖と、自分が歌ったこと、語ったことで、割れんばかりの喝采を浴びることの喜び、そのどちらかしかない。その悲劇と狂喜を体験するのが、唯一ステージなのだ。そして、その緊張感があるからこそ、そのことを知るからこそ僕は僕でいられ、郷ひろみでいつづけられるのだ。

09 オリジナリティは100%のコピーから

僕がデビューした70年代初期は、歌って踊ることがさほど評価されない時期であった。もちろん、僕の先輩にあたるフォーリーブスや大先輩のジャニーズは歌って踊るグループであったが、そういう意味では彼らは希有《けう》な存在であった。

先輩たちを見ながら育っていった僕は、歌いながら踊ることを当たり前のように思っていた。その当時、ジューク・ボックスというグループのメンバーたちと一緒に僕はダンスレッスンへ通っていたが、ツーステップさえままならなかったことを覚えている（というかツーステップとスキップの違いすらわからなかった…）。が、負けず嫌いの僕は、満足に動けないという劣等感をなんとかはね返したい、と思った。

「ひろみ、ダンスというのは踊っている最中にどのタイミングで写真を撮られても、それぞれが一枚の画《え》として成立していなければならないんだよ」

これは、僕が20歳のときにアメリカで受けたダンスレッスンの先生からいわれたことだ。以来僕はその言葉を金科玉条《きんかぎょくじょう》のごとく、ありがたい教えとしていまでも心に留め続けている。

つまり、踊っている最中に連続して撮られた一枚一枚の写真の、その細かい動きの集合体がダンスなのだ。だからこそフォームがとても重要であり、その姿を美しいものにするにはどうするのかが大切なのだ。

僕は振り付けを覚える際も、初めからその曲のノーマルなテンポで踊ることはない。まず振り付け師にノーマルスピードで踊ってもらい、その全体像を自分で把握し、それから通常のテンポより半分以上も速度を落とし、しかも音楽なしのアカペラで歌いながら、細かな手や足の動き、体の動き、そして表情などを確認するように行う。ダンスは2小節を8カウントで数える。それを少しずつ体に覚え込ませていき、最終的にはノーマルなテンポで音楽と一緒にダンスするのだ。それを何回も繰り返すことで体が覚えていく。そしてダンスパートになれば、なにも考えずに体が動くところまで持っていく、という感じだ。

振り付けで大切なことは、できるだけレッスン中に覚えてしまうこと、だと僕は思っている。学校で授業時間内にできる限り覚えてしまうことが賢明なのと同じだ。つまり、授業中の集中力に勝るものはない、と考えている。なので、僕もできるだけそのときに体で覚えるようにする。体というか、脳がすべて指令を出しているのだから、脳にたたき込み、体をいじめ抜くように覚え込ませるという感覚だ。

そして、鏡を見ながら一つひとつの動きを確認していく。そう、どの瞬間に写真を撮られてもいいように…。

あれは確か僕が20代のなかごろだった。NYのアルビン・エイリー・アメリカン・ダンスシアターへ見学に行ったときのことだ。一人の女性がダンスの先生から、汗だくになりながらプライベートでレッスンを受けているようだった。その女性は踊り終わるたびに、レッスン着の下に着ているタンクトップらしきものを持ち上げる動作をしていた。

あとでわかったことだが、じつは彼女は肋骨を骨折していた。彼女が引き上げていたのはタンクトップではなく、折れた肋骨をサポートするためのコルセットだった。それが踊るたびにずり落ちるので、あるべきところへ戻していたのだ。

肋骨が折れていながらダンスをすることにも驚いたが、彼女がアンダースタディ（代役）で、いつ巡ってくるかも知れない主役に代わって登場する機会のために、振りの写しのレッスンを受けていたことにもっと驚かされた。彼女がそのときにレッスンを受けなければ他の代役候補が待っている、と聞かされた。

この話を聞いたとき、自分の置かれている状況を恵まれていると思ったし、自身の考えの甘さに恥じ入る気持ちも抱いた。もっと自分を厳しい環境に置き、切磋琢磨《せっさたくま》しなくてはと痛感した。

僕の人生訓の一つに、『オリジナリティは100%のコピーから生まれる』というのがある。これは、たくさんのカバー曲を歌う機会があったからこそ、自身の言葉としていつのまにか芽生えたようだ。僕は誰かのカバー曲を歌うときに、その人より上手に歌おうとか、表現しようとか、あるいはまず別のやり方を、などとは考えない。何百回もオリジナルを聴き、寸分違わず完璧にその人と同じように歌えるまで作業する。

そして、完璧にコピーできたと確信したとき、そこにはすでにオリジナリティが生まれている、と思っている。つまり、それは真似でなく、完全に自分のものになっているし、自分らしさが生まれているのだ、と。あえてその人と違ったことをしようなどと考えなくても、もうどのようにでも歌える、いかようにでも表現できる自分になっている。あとは、どの歌い方がいいかを選択するだけなのだ。

ダンスも同じで、必ず誰かのコピーから始まる。振り付け師は創造力を働かせ、自分なりの新たな振りを考えるのだろうが、僕たち振り付けされる側の人間は、その振りを完全にコピーする。すると、いつのまにかオリジナリティが誕生しているのだ。自身で徹底的にやり続ければ、いつの日かそこにはオリジナリティが生まれてくる。中途半端に真似をするから、それは真似で終わるのだ。極端なことをいえば、何か月かかろうが、何年もかかろうがやり続ける、真似し続けることで必ずオリジナリティは生まれてくる。僕はそれを自身の経験から知った。

先輩たちを見上げながら歩き始めた15歳。ツーステップすらままならなかったのに、いつしか踊ることに魅入られていき、動けるようになった僕。あのとき学んだベーシックがいかに大切かをこの年齢になると思い知る。踊れる体を作っておいて良かった。つまり基本を学んだからこそいまでもこうして動くことができる、と思っている。

10　貫く

昨年（2015年）の11月下旬、ちょうどディナーショーのリハーサルが始まったころに、僕のコンサートやディナーショーなどを手がける演出家が心筋梗塞で倒れた。そしてそのまま緊急手術となった。倒れてから手術室に入るまでの時間が短かったことで、足のつけ根からカテーテルを入れて血栓を取り除くだけの手術で済んだ。そして10日間ほどで退院した。なおかつ、本人はみんなの心配をよそに早々に現場復帰を果たし、最終リハーサルではあれこれスタッフに指示を出していた。僕も彼が心筋梗塞で倒れ、手術したことをすっかり忘れてしまうほどであった。

彼は41歳を過ぎたばかり。なにが原因で心筋梗塞になったのか。彼は若いころからいまに至るまで、日に20本の煙草を吸っていたという。少なく見積もっても、これまでにおよそ15万本を吸っていた計算だ。しかも、ここ7、8年ほどはまったく運動していないというし、仕事柄、睡眠もしっかり取ることはできず、食事も不規則だったようだ。つまり、絵に描いたような、不健康な人だった。顔にむくみもあったし、明らかに血行が悪そうな顔色だった。紫がかっていたと表現したほうが想像しやすいだろう。

彼は心筋梗塞で倒れたことを機に煙草をやめた。そうなのだ。人間はなにかが起こらないとダメなのだ。きっかけというか、背中を押されるというか、そこまでならなければことの重大さに気づかない。悪いとわかってはいて改善しようと思っていても、なかなか自分の背中は自分では押せないものだ。

僕たちは腐っていたものがお腹に入れば体が拒否反応を示して嘔吐《おうと》したり、下痢《げり》したりする。しかし、煙草はそこまで有害とは体が判断せず、そのような反応をすることはない。もちろん、体がまったく煙草を受けつけない人たちもいるから、それなりの反応が体のなかで起こっているのだろう。

つまり、体に大きな害があると思わないのが煙草なのだ。だが、煙草は僕たちの体を徐々に蝕《むしば》んでいく。腐ったもの以上に、じつはとても恐ろしいもの、と僕は思っている。

煙草の煙には約4000種類の化学物質が含まれ、そのうち200種類以上がタール、ニコチン、一酸化炭素、といった有害物質、約60種類が発がん性物質といわれている。すごい数だ。ニコチンは合法な成分であるが、違法な麻薬にも劣らない依存性を持ち、やめるのが難しいという説もある。

以前病院で、あるレントゲン写真を偶然に目にした。それは煙草を吸っていた人と、吸っていない人との肺の違いを示すものだった。あまりの相違に驚愕した。長年の喫煙により肺気腫《はいきしゅ》になった肺は苦しくなって膨張し、それが心臓を圧迫し、まるで、「助けてくれっ！」と叫んでいる印象を受けた。煙草を吸っている人の肺は黒ずんでいるのだろうなとは想像できたが、それが変形までしていたことに驚いた。

いまは歩行喫煙は東京都のほとんどの区で禁止され、路上喫煙は指定場所のみのところもある。車のなかから窓越しにそこに集まって吸っている人たちを見かけることがあるが、僕は勝手に虚《むな》しさを感じる。そして、そのなかに女性が交じって喫煙している姿を見るのはもっと虚しいし、侘《わび》しさすら覚える。なぜなら、個人的には、女性には女性特有の優雅な匂いを発してほしいからだ。

1970年代、僕も20歳のころは大人になった象徴のように煙草を吸ったり、お酒を飲んだりした。あたかも、それが成人した証《あかし》でもあるかのように、だ。当時の20代男性の喫煙率は80％を超えていた。つまり10人中8人以上は煙草を吸っていたということだ。そのなかの一人に僕もいた。僕も吸っていた。僕の父親も吸っていた。

煙草は吸うと落ち着く、と喫煙者はいう。それは間違いだ、と僕は思う。あれは、吸ったあとに気持ちをいらだたせるものなのだ。吸って落ち着くのではなく、そのあとにイライラさせ、また吸いたくさせるのが煙草なのだ。事実、僕がそうだった。

しかし、僕は24歳のときに煙草をやめた。というか、ずっとやめるきっかけを探していたのだと思う。形から入る僕は、「みんなが吸っているからやめよう。逆に煙草を吸わないほうが格好いいんだ」と思ったのだ。人と違うことをすることがおしゃれかも、そんな他愛もない動機だった。しかし、動機はどうであれ、ひとたびやめると決心したからには、相当の覚悟を持って臨まなければならなかった。

やめると決めたら、これまで煙草を吸っていた多くの状況を克服していかなければならない。食後のひととき、お酒の席、リハーサルの合間など、そういったところでの一服。やめたのに夢のなかで煙草を吸ってしまっている自分を見ることもあった。その都度僕は自分にいいきかせた。絶対にやめる、と。

子どものため、愛する女性のため、自身のため、何層にも重なる理由はあるし、やめ方にもいろいろあるだろう。しかし、その根底には自身の、「やめるのだ！」という強靭《きょうじん》な意志しか存在しない。その強い意志を持ち続けるしかない、と僕は思う。

気がつけば、僕が煙草をまったく口にしなくなってから35年以上が過ぎた。しかし、僕が肺気腫になる確率は、一度も喫煙したことがない人より圧倒的に高い。一般的には肺気腫患者の90％が喫煙者といわれているし、一度壊れた肺胞は再生することができない。まるで声帯と同じだ。声帯も、ポリープ手術などで傷つけ過ぎると修復不可能といわれている。つまり歌うことができなくなる。肺胞も修復不可能なので、それ以上の破壊をくい止めるには禁煙するしかない。

僕が年1回受ける人間ドックの問診票には、消せない僕の喫煙歴を書く。それを書くたびに願いを込める。僕が犯した間違いを多くの人たちに味わわせたくない、けっして同じ思いは味わってほしくない、と。

間違いは時が過ぎたからといって過去のものになるわけではない。過去には消せるものと消せないものがあるのだ。僕にとって人間ドックはその過ちを再認識するときでもある……。

11　読書が人生を変える

僕のような仕事をしていると雑誌などのインタビューで、「趣味はなんですか？」と訊かれることがある。が、いまのところ、そしてこれまでも、あいにく人に自慢できるような趣味は見当たらない…。

ずいぶん前に、小型飛行機のライセンスを取得しようかな、と周囲に話したことがあった。残念ながら、これは猛反対を受けた。怖いもの知らずのところがある僕の性格を周りのスタッフはよく理解していて、おそらくいつかはブルーインパルスのようなアクロバティックなことをするのではないかと、憶測したようだ…。

僕はまずコンピューターによるシミュレーションから入っていこうと思った。それからペーパーテストの準備に入るべく、本などを読みあさろうと考えた。シミュレーションですら却下というか、阻まれた。凝り性の僕はパソコンではもの足らず、間違いなく調布かどこかの飛行場に出向いていくことを周りはわかっていたようだ。

飛行機がダメなら、小型船舶のライセンスも考えたが、海は日焼けするので僕的にはなかなか前向きには考えられなかった。日焼けでいえば、スキューバダイビングも同じだ。なので、これもいまだにやらない。それに、海には僕たちがまだ見たこともないなにかが…、と僕は信じている。泳ぎは得意だが、正直いって海は怖い…。

数年前には蕎麦《そば》を打つことにあこがれ、やってみようかなと思った。が、これもまた周囲から反対された。コンサートツアーなどでホテルに滞在した際に、その部屋に蕎麦を打つ道具一式を持ち込むこともできないだろうし、たとえ持ち込めたにしても、飛び散った蕎麦や蕎麦粉を僕も想像した。結局、僕は道具も買わずに蕎麦を打つことを断念した。じつは白い帽子、作務衣まで考えていた。

もう何年も前には、習字に凝ったことがあった。僕の字が書きなぐられ、ゴミ箱に入りきらない半紙がホテルの部屋中に飛び散り、あちこちに散乱していた。僕は滞在先の部屋で習字の練習をしていたのだ。ただし、これは漢字の書き順の練習に移行し、いまでも役立っている。書き順を正しくすることで字のバランスが整い、上手に書けるようになった、と自分では思っている。もちろん、以前の僕よりも、だが…。

いろいろ考えたが、やはり趣味といえば読書しかないようだ。基本的に僕は毎日本を読む。移動中の飛行機、新幹線の車内、そして就寝前。

僕は本が大好きだとはいえ、その読んだ本の量は読書家といわれる方たちの足元にも及ばない。ただ、毎日少しずつでも本を読むということは、大体1冊の本を1週間で読み終えるとして年間52冊ほど。これまでに少なく見積もっても2000冊以上は読んでいると思う。いったいあれだけの本はどこへ行ってしまったのだろう…。もちろん人にあげてしまったものもあるのだが。

僕の読書は小説がほとんどで、三島由紀夫、山崎豊子、宮部みゆき、ジョン・グリシャム、パトリシア・コーンウェル、ロバート・B・パーカー、ダニエル・シルヴァなどと幅広い（ヘニング・マンケルなど、いまはスウェーデンの作家もおもしろい）。

この基準はと問われれば…、ない。ひらめきであったり、人から薦められたり、新聞や雑誌の書評であったりといろいろだ。

これまでにたくさんの本が僕の心に残っているが、特に記憶に刻まれたものといえば、浅田次郎の『蒼穹《そうきゅう》の昴《すばる》』だ。

清朝末期、およそ130年前の中国の話で、主人公の春児《チュンル》という少年が自身の力で人生を切り開いていく内容だ。劣悪な環境に生まれたが、小さいころに、占い師のおばあさんから将来は帝の側で仕えるような立場になる、といわれた言葉を信じ、すさまじい体験をしながらも最後は西太后の第一の側近まで上り詰めていく。

十数年後、春児は幼なじみの兄貴分である梁文秀に、じつは、占い師のおばあさんが自分に嘘をついていたことは、わかっていたと打ちあける。本当の運命は、ずっと牛馬の糞を拾って暮らすような人生だったんだ、と。でも、おばあさんから夢をもらったと信じてここまで頑張ったんだと…。というような話だったと思う。

僕がこの本を読んだのは40歳ごろだった。僕はこの話から、人生は志一つで運命を変えていけるのだと思った。もちろん春児のように死を覚悟するほどのすさまじい経験、そしてあり得ないほどの努力をした人だけが夢を実現することができるのだろうし、その高い意識を持ち続けた人だけが自身の運命を変えることができるのだと知った。

春児とまではいかないが、いまこうして高い意識が持てるのは、人は意志だけで人生を変えられることをこの本から学んだからだ。ただ、大切なことは、春児と同じように、その意識をずっと持ち続けることだ。

本が人生を豊かにしてくれるのは間違いない。本を読むことは頭のなかで文字を映像にしたり、過去の自分の体験でその内容をとらえたり、たとえ経験したことがなくても想像力を駆使し考えたりするきっかけとなる。人間の持っている創造的な能力や五感で、自分自身の考えを構築していくプロセスのおもしろさがある。早い話が、歌を聴く人が歌詞を耳にしながら解釈を展開させるのと同じで、本を読むのも、読者の想像力で登場人物や描写を頭のなかに創りあげられるから魅力的なのだ。

僕の仕事は創造力が大半を占める。経験したことがないことをどのように歌を通して表現できるか。あるいはコンサートなどでどう音を組み立てたり、ライティングを創りあげたりし、それを見せられるか。すべては創造力のなせるものでしかない。

僕にとって本を読むという行為は、その力を高めることでもあるのだ。そして、読書という習慣は、自身のクリエイティビティを研磨させることにつながっていると思っている。

12　終わりなき人格形成

以前僕が通っていたジムの一つは都内のホテルの上層階にあった。

数か月ほど前のある朝、ジムへトレーニングに行ったときだった。いつものようにエレベーターに乗り、行き先の階のボタンを押した。乗っているのは僕一人だけだった。ドアはまもなく閉まり、そして音もなくゆっくりと動き出した。

エレベーター内の上部に飾ってある両サイドの仮面に目をやった。左上には犬の仮面、右上には帽子を被った少年の仮面が飾られていた。僕は見慣れたそれらの仮面をアマチュアテニスの観客のように、ゆっくりと左右に首を振りながら見比べていた。

そうこうするうちに41階への到着を知らせるチャイムが鳴ったので、僕は真ん中に目線と顔を戻した。ドアの前に進み、降りる準備をしているとドアがスーッと開いた。ところがその開いたドアの真ん前に少し大きめの黒いサングラスをかけた、20代後半と思《おぼ》しき女性が立っていた。しかも彼女は降りようとする僕にスペースを作る気配も、体をずらしてゆずる仕草もない。

〝降りる人が先、乗る人は後〟ということを完全に忘れている、か、それを知らない…。僕は先に降りる自分があたかも悪いかのように、思わず、「すみません…」といいながら彼女が乗り込んでくる前にエレベーターを降りた。

しばらく歩いてから思った。いや待てよ？　どう考えても僕が謝る必要はない。電車もバスも、そしてエレベーターも降りる人に優先権があるはずだ。真ん中に立っていた彼女は左右どちらかによけるというのが当然のマナーだろう、と思った。とはいえ、戻って文句をいおうにも、グラスに入ったコンタクトレンズをシンクに流してしまったように、「あっ！」という声より早く、彼女はエレベーターで下に降りてしまった。

それからおよそ3時間後、僕はトレーニングを終え、シャワーを浴び、スッキリした気分でジムを出た。行きと同じようにエレベーターに乗って地上に着き、扉が開いた。

今度は先ほどとは違う女性が、朝の女性とまったく同じように開いたエレベーターのドアの真ん中に立っていた。そして、彼女もまったく動こうとしない。あんたたちゃあ、奈良や鎌倉の大仏様かい！　そして僕は参拝者かい！　僕は、降りる人が先、乗る人が後と心のなかで叫びながら、またその女性を避けエレベーターを降りた。

僕がデビューしてまもない16歳のころだった。当時とても人気があった、『紅白歌のベストテン』という日本テレビの生放送番組に初めて出演したときのことだ。

その番組の男性の楽屋は上手の2階にあり、その日の男性出演者は当時、いまをときめく歌手の方たち、と記憶している。森進一さん、五木ひろしさん、布施明さんなどという、僕にとっては大きすぎる存在の方たちばかりだった。僕は挨拶をすませ、リハーサルに臨む前に、『男の子 女の子』の衣装に着替えるわけだが、他の出演者の方たちのあまりの存在の大きさに、その楽屋で一緒に過ごすなんてできなかった。僕は誰にいわれるともなく、楽屋で衣装に着替えることをせずに、その階にある上手フロント（調光室）の裏で着替え始めた。たまたまそこを通りかかった森進一さんが、「ひろみ、そんなところで着替えないで、楽屋に入って着替えな」と声をかけてくれた。

僕が勝手に感じたその当時の芸能界の威圧感というある種の厳しさ、そして森さんからのひと言の優しさを同時に味わったときでもあった。

礼節をわきまえる、礼節を重んじるなどというが、芸能界もそのとおりだ。というか、どこの世界であろうが上下関係、年齢、職歴、それらをしっかりわきまえている人は自分より年齢が上の人たちからも、下の人たちからも自身が彼らに接するのと同じ態度で接してもらえるはずだ。その逆、上下関係などをなおざりにする人は、いつか年下の後輩たちからもそれなりの態度で扱われるだろう。

僕は職業で人を判断することはしない。なので、初めて会う人がどんな話や言葉遣いをするのか、非常に興味を持っている。そして、僕は初めての人にはある一定の距離を置いて話をすることを心がける。

人間は他人を優先できれば、人格者といわれる領域へ入っていけるのかもしれない。僕もいつかはすべてにおいて、自分より他人を優先できるところまで行けたらと思う。それは人から人格者といわれたいのではなく、男として人格を形成していく上では、避けては通れない道と思うからだ。

男の人格形成は40代で終わると聞いたことがある。おそらく、それまでに人格形成を終え、50代からはその手に入れた人格で生きていくということなのだろう。ただ、僕自身の人格形成は終わらない気がしている。というか、もし僕に少しでも人格が備わっているとするなら、その人格にさらに磨きをかけ、日々精進していくことが大切で、そういう気持ちを持つことが必要と思っている。

女性は人のために何かしてあげられる、だから男性より早く人格形成が終わっている、と僕は思っている。野心を持つ男性は自身のために生き、基本的に野心を持たない女性は人のために生きられるのかもしれない。それほど女性は心が大きいのだ。

しかし、先日のエレベーターでの女性たちのように、まれに人格ができあがっていないのでは、と考えられる人たちがいることも事実だ。それがマナーの悪さに表れているのかもしれない。とはいえ、そんな彼女たちの態度や悪しきマナーにいちいち目くじらを立てて、あれこれ思うこと自体、僕もまだまだ人間が小さい。

あのエレベーター内に飾ってある動物や子どもをモチーフにした仮面の下には、もしかしたらいつも、乗っている人間の本性を見ている〝本当の顔〟があるのかもしれない。だからその表情は人によって笑顔に見えたり、仏頂面に見えたりするのかも…。次はどんな表情に見えるのか、楽しみにエレベーターに乗ってみよう。

13　弱音を吐かない

逆流性食道炎という病気を聞いたことがあるだろうか？

僕はその病気だ。というか、だった。病気というと心配されそうだが、それほどシリアスなものでもないのかもしれない。でも、僕の職業を考えれば、〝放っておけない病気〟なのだ。

ではこれがどんな病気なのか、簡単に説明しておこう。

食べたり、飲んだりしたものは食道を通って胃に送られる。胃に入った食べ物は、胃液によって硬いものでもかなり軟らかくなる。胃酸（主成分は酸性度の強い塩酸など）と消化酵素が含まれている胃液がなんらかの原因で胃から食道へ逆流すると、食道粘膜《ねんまく》が胃酸によって炎症を起こす。通常、食道は一方通行だが、筋肉が老化していたり、食べた後の姿勢が悪かったり、あるいは眠っているときに胃より喉の位置が低かったり、同じ位置だったりすれば、逆流が起きやすい。この逆流が繰り返されると、食道粘膜がただれたり、潰瘍《かいよう》ができたり、あるいは、胸やけといった不快な症状が起こる。これが逆流性食道炎だ。

じつは、僕はもう15年以上も前にその病気と診断された。そして、説明を聞いたときに思ったことは、暴飲暴食もしない僕がなぜ、だった。ドクター曰く、おそらく僕の場合は、食べなさ、す、ぎ、か枕の高さの問題では、という指摘を受けた。まじめな話、食べなさすぎても胃酸が食道へ逆流し、炎症を起こすと聞いた。

そこで僕は逆流性食道炎用の枕に替え（この枕だと頭と肩が胃より高い位置に来るようになっているので、胃酸が逆流しにくい）、眠るようにした。自宅用、コンサートなどで地方へ出かけた際にホテルに泊まる用、葉山の別荘用と、僕は同じ枕を3つも4つも買った。つまりいくつもの枕をあちこちに備え、どこへ行くにも、ベッドで眠るときはその枕しか使わないのだ。それが功を奏したかはわからないが、いまは自覚症状はなく、耳鼻咽喉科のお医者さんからも、声帯を診てもらった際に、その症状は見られないといわれた。

では、なぜ僕が逆流性食道炎になると困るのか。それは胃酸が喉まで逆流すれば、大切な声帯を傷つけかねないからだ。声帯が炎症を起こしたり、声帯の周りがただれたりすれば、思うように声が出せないことを経験から知っていた。なので、僕にとって逆流性食道炎という病気はとてもやっかいで、あってはならないものなのだ。だから、〝放っておけない病気〟なのだ。

いったいいつから僕は自分の喉や健康にこれほど気をつけるようになったのだろう……。

僕が20代後半だったとき、ある人のひと言によって、意識が一気に変わったことははっきり覚えている。いや、変えなければならないと思った。

「ひろみくんの体って、思ったよりしまってないよね。お腹にも贅肉《ぜいにく》があるようだし……」

このひと言は僕に強烈なパンチを与えた。僕の体の奥まで響いた言葉だった。冷たい飲み物を飲んだときに、頭の芯というか、目の奥がズキンと痛みを感じるように、その人の痛烈なひと言に頭はおろか、体の芯まで痛みを覚えた。的を射ていただけに、その言葉で僕は一本背負いで投げ飛ばされ、宙を舞った感覚だった。そして、自身に誓った。自分を立て直そう、と。そして自己改革に乗り出した。

僕はなにかを始めたりやめたりするときに、「では来月から！」「誕生日から！」というタイプではない。〝思い立ったが吉日〟という類《たぐ》いの人間で、その瞬間からことを起こす。なのでそのときも、翌日には自宅にベンチプレス用のバーベルセット一式を買い入れる手はずを整えた。そして贅肉は徐々に運動で解消していったが、運動と食事の連係が肉体に大きく影響することも知った。

気がつけば、僕はお水にこだわりだしていた。僕は外でも家でも水道水は口にしない。基本的にミネラルウォーターしか飲まない。あるいは、それ以上のものしか。家では、『自然回帰水』という、水道水を特別なフィルターに通す浄水器を設置し、そのお水を使っている。これも、体を大切に思えばこそだ。このお水はミネラルウォーター以上のものなので、神棚のお榊のお水、あるいは生花などにも使っているし（お花の持ちが断然違うのだ）、お料理のお出汁《だし》を取ったり、ご飯を炊いたり、すべてにそのお水を使っている。そして、僕はこの浄水器を自宅のお風呂場にも設置している。もちろん、葉山にある別荘でも、家全体を回帰水で賄《まかな》っている。

肉体はやがて老いる。老いればホルモンのバランスも変わる。そして、筋肉も落ち始める。なにもしなければそれを向上させることはできない。だが、運動や食生活で維持することはできる。落ちていくものを落ちないようにするには、上昇させるしかない。維持できるということは、つまり向上しているということなのだ。僕たちの年齢を考えれば、それが肉体維持、精神維持につながるのだ。

三十数年前のあの辛辣《しんらつ》なひと言を浴びていなければ、いまの僕は存在していないだろう。そう、あの人は正しかった。あのときは強烈な嫌みにしか聞こえなかった言葉に悔しさを覚え、そして自身に情けなさを感じたが、いまではその人に感謝の気持ちしか生まれてこない。

なんでもないひと言が人を傷つけることもあれば、何気ないひと言で励まされることもある。それは、きっと受け取った人間がどのような解釈をするかで決まるのではないだろうか。

人生はどんなことであれ、「この状況をどう解決しようか」と前向きに考えた人に勝機が見え、それを行動に移した人にチャンスが訪れ、それをやり続けた人だけが勝利を手にすることができる、と僕は思っている。つまり、誰にでも勝利という成功を手にできる機会があるのだ。

僕があれこれいわず、弱音を吐くことをしないのは、吐きだした自身の言葉に引きずられて、自分が違う世界に行ってしまうかもしれない、と思うからだ。だから泣き言や、言い訳はしない、と心に決めているだけなのだ。

そう、たとえ宙を舞ったとしても…。叩きつけられたとしても…。

14　無意識の動作を意識する

２０１６年5月下旬にハワイでホノルル駅伝を走ることになった。15、16年ぶりのマラソンだ。とはいえ駅伝である。つまり、42・１９５キロを6名で、リレー形式でたすきをつないでいく。僕は第6区、アンカーを務める。

最終区は約6・3キロ。たすきを受け取ったらすぐに勾配の急な上り坂だ。海抜70メートル以上あるらしい。なんだか人生と似ている。僕の人生も、修行のようにきつい上り坂を上っては下り、上っては下り、そしてまた歯を食いしばりながら上る。苦しい上りが多く、楽な下りが少ない気がする…。とはいえ、考えてみれば、鍛えられ、強くなっているから生きていく力もついている、と僕は思っている。

駅伝のアンカーはチームのメンバーから結果を託される責任重大な役なので、2か月ほど前から走り込みをしているが、僕が直さなければならない癖は、左足での着地を踵《かかと》のやや外側でする傾向があることだ。これだと土踏まずのアーチができづらく、疲れやすい。なので、着地の際、踵を外側に逃がさないよう意識して走っているのだが、苦しくなるとつい忘れてしまう。呼吸も鼻から2回軽く吸い込んで、口から大きく吐きだすわけだが、つらくなると、口から吸い込んでしまう。これだと、余計に息が切れるのだ。さらに、両肩が上がらないようにすることも心がける。肩が上がれば、当然肩がこり、余分な力が入ることで呼吸も浅くなる。走る姿勢や下腹筋を意識して足のつけ根から足を上げることも心がける。これだけあれこれ考え走っていると、僕は必ずどれかを忘れる。しかし、こういったことに気をつけない限りは、どこかで体に支障をきたすものなのだ。

じつは、僕たちは日常生活でも、なんでもないことを繰り返し行っている。たとえば歩くこと、座っていること、食事をすること、歯を磨くことなど…。これらは意識せずにできることで、逆のいい方をすれば、正しい歩き方を意識しながら歩いている人はいったいどれくらいいるだろうか。その膨大なんでもないことの積み重ねが、後にどれほど体に影響するのか。つまり、正しくないことをしているのであれば、当然悪い方向へ向かってしまい、その悪癖《あくへき》は体に染みついてしまう…。

以前、習慣というのは、洋服についたシミと同じで落ちないというか、抜けない、と書いたことがある。直したい悪癖はなかなか抜けない。その逆に、身につけたい習慣はそう簡単には身につかない。

つま先がまっすぐ歩く方向に出て、同じ方向に膝も出ていくのが正しい歩き方だ。もし、つま先がうちに入る（内股）ようであれば膝に負担がかかり、骨盤もどちらかへねじれ、いつか必ず腰に痛みが出るのだ。

僕が10代、20代のころにステージに立つと、演出家やプロデューサーたちから、立ち方や歩き方が良くないと注意された。そのころの僕はといえば、背筋が伸びていなかったし、足も引きずるような感じで歩いていたようだ。何度も指摘を受けるうちに、自身でも意識し、少しずつ改善された。

なので、いまでは道を歩く人を見ると、「こんな風にすればもっと良くなるのに…」などと勝手に分析してしまう。

歯磨きも単純な行為と思っているが、そこには、大きなリスクが隠されている。本当は、やわらかい歯ブラシで、やさしく磨くのがいい。強く磨けば歯茎《はぐき》を傷つけるどころか、歯茎の後退の進行を早める。そうなれば、歯の根が露出し知覚過敏になる。一度の歯磨きで何回歯茎を傷つけているか、それを一日数回、何年も行えば膨大な回数になるはずだ。

そして、僕はできるだけ噛んで食べることを心がけている。食べ物をひとくち口に入れれば、30回ほど噛むと決めているが、会話をしながら回数を数えるのは難しい。なので、僕は自宅のダイニングルームのあちこちに〝30〟という数字を書いて貼ることにした。これだといやでも目につく。さらに、携帯の待ち受け画面も同じ〝30〟と書いたものにした。

では、よく噛むこと、咀嚼《そしゃく》がなぜいいか。よく噛んでしっかり唾液を出すと、消化吸収をスムーズにしてくれる。なにより唾液には抗菌作用があり、粘膜の乾燥を防ぎ、食べ物と混ぜ合わさることで免疫力の向上にもなる。また唾液中の抗菌物質に発がん性物質を30秒浸しただけでも、毒素がかなり減少したという話も聞いたことがある。

そして、よく噛むと脳機能が発達するし、あごをしっかりと成長させるので、歯並びも良くなるといわれている。当然、よく噛むことはエクササイズにもなるので、贅肉はそぎおとされ、あごのラインは美しくなるはずだ。できれば、右と左を均等に使って噛むことが望ましいのかもしれない。

小さいころに、「よく噛んで食べなさい」といわれたが、じつはちゃんと意味がある。よく噛まずに早食いをすると、良いこととは逆なことが起こるということだ。30回が難しいなら20回でもいい。飲み込みやすいカレーや麺類も噛み、とにかく細かくする。そして、噛むことで唾液を出すのだ。次々に頬ばらないで、ひとくち口に入れたら、それだけを噛むのだ。不思議なもので、20回や30回と噛む目標回数を決めると、その回数で細かくならない食べ物もあるので、もっと噛みたくなってくるのだ。


意識するだけで、習慣や癖は変えられる。ただし、その意識を持ち続けなければ変わらないし、変えられない。しかも、その意識が無意識に変化するまでには時間がかかり、残念ながらその移り変わった瞬間を見ることはできない。なぜなら、習慣は瞬時に変化を遂げるのではなく、恒久とも思える長い時間をかけて変貌するからだ。それが習慣を変える、癖を直すということなのだ。

ホノルルでは走る際に、自身の欠点を自分にいい聞かせながら、6・3キロを走破することにしよう。

15　自信を生む験担《げんかつ》ぎ

僕の仕事の関係者で、道を歩いているとやたらマンホールの蓋《ふた》を踏む男性がいる。彼はマンホールを見つければ、たとえ多少遠回りしても蓋を踏んでいく。人と話しながら歩いていても、「すみません！」と踏みに行く。遠くで見ていると、数メートル戻っても踏み直していることがある。

これは明らかに縁起を担いでいるというか、験担《げんかつ》ぎである。彼曰く、昔、赤坂に金色のマンホールの蓋があり、それを踏んだら大きな契約が決まったので、それ以来マンホールがあれば蓋を踏み続けているという。

僕たちの世界でも、ステージの緊張を解くために、いろいろな験を担ぐ人は多い。いつのころからかは覚えていないし、誰に薦められたわけでもないが、僕もステージに立つ際には、その会場の神様、そして自分のご先祖様に、「今日のステージがうまくいきますように。会場に来ていただいた方たちに最高に楽しんでいただけますように」というようなことをお願いしてからオンステージしていく。ただ、手を合わせ、心のなかでそうお願いするのだ。

そういえば、僕が大井町の国鉄（当時）官舎に住んでいた小学校1年生のころ、自宅の庭にはミョウガが生えていて、よく母親から、「ミョウガは忘れ物がひどくなるし、記憶力が悪くなるから、あんまり食べちゃダメ」といわれた。以来僕は母親の教えを忠実に守って、特にステージの前日は絶対にミョウガを口にしなかった。が、あるときに、ミョウガ物忘れ伝説には学術的な根拠はまったくなく、逆に香りに集中力が増す効果があると聞いた。僕はいまから20年ほど前、ステージ前夜に恐る恐るミョウガを食べた。そして、当日のステージ。なぜかやはり歌詞を忘れた…。なので、いまでもステージ前夜にミョウガを食べるのには、二の足を踏む…。

“Knock on wood”というおまじないのような表現がある。今年（２０１６年）2月上旬にサントリーホールでクラシックコンサートを催したとき、指揮者の栗田博文さんが本番前に舞台袖でしゃがみ込み、コンコンと2度ほどゲンコツで木のフロアーを叩いてからステージに出て行った。あれも、今日のステージがうまくいきますように、という意味を込めてのはずだ。この"Knock on wood"は不吉なことをいったあとにもすることがある。自分にもそういった災いが起こりませんようにという、縁起の悪いことを追い払うおまじないのようなものだ。僕自身も悪いことを目にしたり、口にしてしまったりしたときは、コンコンとテーブルを"Knock on wood"する。僕がアメリカへ行き始めたときからの験担ぎなので、もうかれこれ40年はテーブルや柱を叩いていることになる。仕事もプライベートも関係なく、無意識にテーブルをコンコンとやっている自分がいる。

そして、今年2016年は申年《さる》だ。なので、僕は下着をすべて赤い色のローライズに替えた。このメーカーの、この形で、この生地でというものを見つけて、申年の人たち数名からプレゼントしてもらった。自分で買うのではなく、申年の人からの贈り物ということに意味がある、と信頼している住職の方からいわれた。なので、僕は友人たちのなかで申年の人を見つけ、その人たちから贈ってもらえるようお願いしたのだ。

この赤い下着の意味は健康や長寿に加えて、脳梗塞にならないように、ということらしい。

もちろん、僕自身赤い下着を穿《は》くのは生まれて初めてのことだった。なので、最初はあまりの派手さに戸惑いを覚えたが、健康が維持できて長寿になれるなら、そんな躊躇《ちゅうちょ》は愚《ぐ》の骨頂だと自分にいい聞かせた。いまはその15枚ほどの赤い下着を、なんの迷いもなく毎日取り替えながら穿いている。

僕の自宅の玄関にはウィンドチャイムが吊されている。これを吊すためにわざわざ玄関脇の柱を1本増やしたほどだ。このウィンドチャイム、じつはとある原宿の耳鼻咽喉科に飾ってあった。治療後、吸入器を口に当てて呼吸していた僕は、あまりのその音色のすばらしさに自分の呼吸音が邪魔に思えたほどだ。

僕はそのチャイムを葉山の別荘の玄関にも備え付けた。3種類の大きさがあるなかで、いちばん大きいものにし、コンクリートの天井に穴を開けてまで吊すことにした。玄関を開けた際に通る風が、このウィンドチャイムを揺らすとき、膨らみのある、包み込むような音が響き渡ると、まるでクラシックのコンサートホールにいるような錯覚に陥る。

ではなぜ、僕がこの音にこだわったのか。じつは鈴と同じで、魔除けにもなると思ったからだ。なので、僕は家を出入りする際には、意識的にこのウィンドチャイムを手で鳴らす。こうすることで、家のなかに悪い気が入ってきませんように、もし入っているなら、それを追い払うという意味を込めて鳴らすのだ。

僕はキーホルダーにも、パソコンのバッグにも、鈴をつけている。鈴の音が聞こえてくると僕のスタッフは、「あっ、ひろみさんが来た！」と思うはずだ。

ジンクス。験を担ぐ。良いことがありますように、悪いことを避けて通れますように、たとえ悪いことが起きても最小限で問題を解消できますように、ということなのだろう。

考えてみれば、僕自身あまりジンクスとかは気にしていないつもりなのだが、でも意外とあれこれ気にしているような気もする…。

ただ、こういったことにとらわれすぎるのもどうかな、と思うのが正直な気持ちだ。それより大切なのは、自分が気に入ったことをすることや、お気に入りのアイテムを身につけておくことなのではと思う。そうすることで気持ちが落ち着くのであれば、それがいちばんだ。時計でも、バッグでも、靴でも、服でも。それを身につけておくことで気持ちが前向きになり、自信がつくのであれば、それ以上の験担ぎはないのではないだろうか。

16　人生はメリハリが大事

　僕はあるタイミングで、頑張った自分にご褒美を与えることにしている。手が届きにくそうな時計を買ったり、少しびっくりするほど高価なバッグを手に入れたり。こうすることで、「また頑張ろう！」というメリハリが人生につくのだ。これが僕には大切なこと、と思っている。

　基本的に、僕は衝動的にものを買ってしまうタイプで、これを買うことで、なにかを節約しなければならないとか、当分は外食をひかえて、ご飯と梅干しだけで我慢しようなどと思ったことはない。高価なものを手に入れたとしても、なんとかなるだろうと思ってしまうのだ。つまり、節約という言葉は僕の思考のなかにはないような気がする。こんないい方をすると、「なにいってるの！」と叱られそうだが…。まあ、節約しようという意識を持ったとしても、おそらく数時間ももたないはずだ。忘れてしまうのだ。

　それに、もし節約ということを考えてものを買ってしまうと、ご褒美にならない気がする。それまで、そのために頑張ってきたのだから、もう充分に精神的節約はしている。だから、ご褒美として自分に与えるのであれば、思いきって買えばいいし、躊躇したとしても手に入れてしまえばいい。なんとかなるというか、なんとかすればいいのだ。

そして手に入れる際に大切なことは、これっ、という自分へのご褒美を決めたら、「少し負けていただけますでしょうか…」とか、「安くしてください」という値引き交渉は一切しないことだ。それは、向こうが勝手にやってくれるかもしれないし、やってくれないかもしれない。そんなことはどうでもいいのだ。お店側が厚意で値段を引いてくれるのであれば、日本で買っても、ヨーロッパで買った気分（一部店舗にはDétaxe/Tax Refundという制度があり、手続きさえすれば12％ほどは返ってくる）で喜べばいいし、値引きをしてくれなければ、アメリカでものを買っているとあきらめればいい（残念ながら、アメリカにはTax Refundというものはほとんどない）。

それに、「値引きしてくれませんか？」などという言葉を発すれば、男を下げる気がするし、ご褒美で、「これっ！」というものを手にするのに、そのものの価値まで値引きした気がする。だから、お店の言い値で、「はい！」というのが男らしくていい、と僕は思っている。

いったいいつごろから僕は自身にご褒美を与えるようになったのだろう。

ちなみに、僕が最初に自分へのご褒美として買ったものは、フェラーリだった。あ、のフェラーリには見えない、フェラーリだった。流線形のすばらしいフォルムで、車の色は、その昔イングリッド・バーグマンに当時の夫のロベルト・ロッセリーニが贈った、シャンパンゴールドを復刻させたものだった。僕はひと目見てその車に惹かれ、衝動的に買ってしまった。

これはおよそ20年前のことで、それまでの僕といえば、ただほしいものをそのときの気分で買っていた。だが、これは格別の買い物だった。このフェラーリが僕にとって初めてのご褒美である理由は、それ以来、無闇な無駄遣いはしなくなったし、明らかに仕事への意欲や頑張りに変化が生まれたからだ。

僕は競輪、競馬、競艇などといったギャンブルは一切しない。カジノのあるラスベガスに行っても、まったくしない。ベガスでも、夜は美味《おい》しい食事をして、ゆっくり休んで、翌朝はジムへ行き、昼間はゴルフなどをしたりして、日本でお休みしているときとなんら変わらない日々を過ごしている。

もし僕が〝ご褒美〟という考えを持たなかったら、いったいどんな自分になっていたのだろう…。ギャンブルに走っていたかもしれないし、無闇やたらにほしいものをゲットしていたかもしれない。となると、ものに対してのありがたみをいまほど感じていないはずだ。だからこそ無駄遣いしない自分に対して、「たまにはご褒美を！」と思える気持ちが自ずとわいてくるのだろう。

とはいえ、僕には悪い癖があるというか、直さなければならない習慣がある…。僕はスーパーマーケットなどに行くと、使いもしない、食べもしないのに、ものを買ってしまう。そのときは絶対に食べたい気がするし、どうしても使いたい気がするのだ。が、時間とともに買ったことを忘れてしまう。そして、食べるものは賞味期限切れになり、食品でないものでもそのまま放置状態になってしまう。だから、僕はできるだけ一人では買い物をしないようにしている。冷静に僕のことを止めてくれる人がいないと、スーパーのカゴがいっぱいになるまで、必要なさそうなものまで買ってしまうからだ。これは悪癖だ。直さなくてはならない悪しき習慣とわかってはいても、ついカゴに入れてしまうのだ…。

人生はメリハリが大事と初めに書いたが、どのようにメリハリをつけるかは人それぞれでいいと思う。ただ、僕のやり方の一つに、〝これっ！〟というものを手に入れることによって、また明日から、人生の困難に負けないという気持ちを持つことができる、というものがあるのだ。

僕のいままでの最高のご褒美は、と自身に問いかけてみると、やはり葉山の別荘を買ったことだった気がする。

ここの海側のテラスから目にする景色は、大島だったり、伊豆半島だったり、富士山だったりするが、その現実的な風景の先にあるものが見えるときがある。それは、仕事への熱意というものであったり、自身をもっと高めることができるはずという自信であったり、どこまでも上り続けるという意識の高さなのだ。

つまり、どんなにすばらしい時計を買おうが、どんなに高価なバッグを手に入れようが、それらを通じて現れる意識そのものが、本当のご褒美なのかもしれない…。ものの先に現れるその意識を得るために、ほしいものを手に入れる、ということなのかもしれない。

17　時間の使い方が人生を左右する

今年（2016年）6月中旬にパリに行った。コンサートツアー前の過密なスケジュールだったが、この時期、僕にとって北西へ行くのが最高の方位取りと聞いてしまったからには、自身の運気を上げるためにも行くことを決めていた。しかも、2泊4日という短い旅だった。

羽田発午前10時35分、パリのシャルル・ド・ゴール空港には午後4時35分到着。飛行機に乗っている時間はおよそ12時間半。僕は長時間のフライトでは必ず、現地到着時間から逆算し、機内で眠る時間を決める。時差調整を機内でしてしまうのだ。そこで、搭乗後すぐに持ってきていた本を読み始めた。そして、30分もしないうちに眠りについた。飛行機が飛び立つころにはもう眠っていたようだ。しかし、2、3時間の睡眠だけと決めていたので、目が覚めたときからはふたたび本を読んだり、機内映画を見たりして過ごした。12時間も飛行機に乗っていれば、時間的にいって後半は眠気を催すはずだが、僕は映画を見続け睡魔と戦った。

これは万人に通用するかはわからないが、爪楊枝《つまようじ》の持ち手側のようなもので、左右の親指の爪と皮膚の境目辺りを押して刺激すると、眠気が飛ぶ。このやり方は僕には効く。そこの皮膚辺りにある神経を刺激することで、頭を覚醒させるのだ。赤ちゃんのころからこれを行うと、賢い子どもになるという。脳の働きをかき立てるからだ。

残念ながら、僕は大人になってから知ったのだが…。

シャルル・ド・ゴール空港からパリ市内までは1時間ほど、ホテルに着くのは午後6時ごろのはずだ。ということは、ディナーに行けば、23時ごろにはまたベッドに入らなければならない。なので、その時間に眠るためにも、機内で体の欲するままの熟睡は厳禁と思っていた。

これが功を奏したのかはわからないが、僕は予定どおり23時ごろにベッドに入り、本を読んでいるうちに、15分ほどで眠ってしまったようだ。

翌朝7時前には目が覚め、ジムへ行き、まるで東京にいるかのようなリズムで2日間過ごした。それに、トレーニングは時差ボケ解消には効果的なのだ。

わずか2泊だけの滞在で、僕はシャルル・ド・ゴール空港夜8時過ぎ発、羽田空港翌日午後3時25分着の便に乗り、行きと同じように搭乗してすぐに2、3時間だけ眠った。起きてからは再度機内映画と読書、そして指の刺激に没頭した。

僕は仕事柄、飛行機や新幹線、あるいは車などに長時間乗る機会が多い。なので、その数時間の移動中にどう消閑《しょうかん》するかは大切なことと思っている。こういう時間のほうが僕的には好きな本に没頭できるし、月刊『ゲーテ』への原稿や、月一で発行しているファンクラブ会報誌、月3、4回は届けるファンへの携帯メールへのメッセージなどを、パソコンを使って書くことに集中できるのだ。

僕がパソコンの他にいつも持ち歩いているバッグのなかには、財布、カードケース、小銭入れ、本、リーディンググラス、サングラス、お数珠、八角形の両面鏡、お塩、黒革の手帳、ペン、サプリ用ポーチ、塗り薬入りポーチ、耳栓、リップクリーム、スクレーパー（舌磨き）、イヤフォンなどありとあらゆるもの（これでも整理して少なくなっている）が入っている。

僕がアメリカで見つけた耳栓はかなりの優れもので、フィット感もさることながら、外の音をかなり高いパーセンテージでシャットアウトしてくれる。なので、読書に集中したいときや、ゆっくり眠りたいときには効果抜群なのだ。

八角形の両面鏡、お塩、お数珠はバッグに収まっているだけで魔除けになる。そこに入れているという安心感が、僕を落ち着かせる。

そして、〝足ゆび元気くん〟という優れもののトレーニング器具がある。これは足の指と指のあいだを広げる効果があるというものだ。いつのまにか人間は靴を履くようになってしまったが、基本的には人間の足は手と同じで、指のあいだも広げておくのがいいそうだ。そして、足裏には体のすべてにつながるつぼがあるといわれる。

足の指のあいだにこれをはめておくことで、適正なあるべきポジションに足の指を収めてくれ、外反母趾の予防にもなるという。ポリエチレン発泡体でできているので軽量で、簡単にバッグのなかにも入れておける。僕はこれを4セット（自宅用、コンサートなどの楽屋用、車のなか用、葉山の別荘用）持っていて、一日最低でも1回30分から1時間は足の指にはめている。もちろんパリの行き帰りの機内でも、これを付けて過ごした。

基本的に、僕は機内や新幹線、あるいは車のなかで眠ることがない。眠る時間がもったいない気がするというか、眠っている時間になにかできることがあるのでは、と思っているのだ。それに、昼寝は夜の熟睡を妨げる、という話を信じている。

時間の使い方がその人の人生を左右する、といっても過言ではないと僕は思っている。眠る時間を30分削って読書に充《あ》てるとか、30分早起きしてストレッチをするとか。一日のなかのたった30分だが、その時間は1週間では3時間半になり、1か月では15時間、1年で考えれば180時間になる。逆に考えれば、1年のあいだのわずか1週間ほどの時間を割くだけなのだ。そこを寝て過ごすのか、どう使うのかは本人次第。眠るのが悪いわけではないが、一日の睡眠時間をわずかに削るだけでその時間を有効に使えるとしたら、僕はそうするだろう。

こうしているあいだにも、すべてが過去になる。その過ぎ去っていく時間をなにも思わないのか、残念がるのか、あるいは有意義ななにかに変えていくのか。それも自分次第なのだ。

〝足ゆび元気くん〟のおかげか、心なしか最近僕の足の指と指のあいだが広がってきたというか、適正なポジションになってきた気がする。これを付け始めて1年半ほどだろうか。徐々に効果が現れていることを考えたら、これの次はなにを始めるか、と考える時期が来ているのかもしれない。

18　こだわりを持ち続ける

何年か前のことだ。

「あの曲のライティングを若干修整したいので、この部分の音を2拍ほど短くしてもらえる？」と僕はコンサートが始まる前のリハーサルで、バンドリーダーの田中直樹にいった。

「ひろみさん、明日がコンサートファイナルですが…」という返事があった。

このことは僕を象徴している。僕にとって明日が最終日でも、初日でも関係ない。納得がいかないと思えば、たとえ50ステージ目のラストであれ、手直しをする。これが僕の〝こだわり〟なのだ。

今年（2016年）の全国コンサートツアーは10月10日をもって終了する。6月下旬から50ステージ。ツアータイトルは『NEW WORLD』。新しい曲をふんだんに歌うから、あるいはアルバム曲を多めに取り入れるから、NEW WORLDなのではない。コンサート会場にみえる方たちがどんな歌を聴きたがっているかに耳を傾け、それを考慮し、選曲するのが大切だし、そのなかから今回のタイトルになる〝自身のNEW WORLD〟を見つけ、披露することが僕に課せられたことなのでは、と僕はスタッフに話した。

僕は16歳のときから毎年のように全国ツアーを続けてきている。コンサート、ディナーショー、イベントを含めれば、いまでも年間およそ100回のステージに立つ。僕にとって、45年も毎年毎年違ったショーを作ることに生き甲斐を感じられるのは、やはりみんなに喜んでもらいたいという気持ちが一つ。そして、自身が変化し、進化するためには新たなことをたくさん取り入れていくしかなく、ショーがその機会を与えてくれ、1年間の集大成を発表する場なのだ、と自覚しているからだ。

制作に直接的に関わっていきたいという気持ちは、じつはデビューして2〜3年ほどで生まれていた。おそらく、ものを作ることが好きだったのだろう。だから、早い段階で制作の多くのことに興味を覚え、知らないことをどんどん吸収したい、という意識を持ったのだ。ただ、大人たちは、「やっかいな奴だ…」と思っていたのかもしれない。

僕は自身のショーなどを作る際、一切の妥協をしない。それは自分に対してもそうだが、周りのスタッフやバンドメンバーたちにもそれを求める。今年のツアーでいえば、サウンドとライティングだけでも、5つのチームに分けられる。バリライト、一般照明、映像、レーザー光線、そしてバンドメンバー。

コンサートが始まる2か月ほど前までに楽曲セレクションがほぼ終わり、アレンジされた楽曲が次々に僕のもとに届く。ただ、このときに僕が違うと思えば、アレンジし直してもらう。

そして、コンサートが始まる1か月ほど前から、バンドメンバーとの本格的なサウンドリハーサルに入り、メンバーも僕も頭と体に音を覚え込ませていく。こうして音楽とダンスのリハーサルを2週間ほど続け、すべてを形作っていくあいだ、スタッフはメンバーの動き、僕の動きやダンスを見ながら、それぞれがパソコン上でライティングやサウンドを作りあげていく。

さらに、初日を迎える10日ほど前に、大きなスタジオを借り、そこにコンサートと同じセットを組み、パソコン上でイメージしていたものを具現化していくテクニカルリハーサルが始まる。

ここからが僕の、〝こだわり〟といえる部分だと思う。ライトのフェードアウトの仕方、音とライティングが完璧にシンクロしているか、映像の現れ方が音より早すぎないか、遅すぎないか、ビームの色や大きさ、角度など、微《び》に入り細《さい》に入り修整し、完成形へと向かっていく。

リハーサルという準備をいい加減にやることは、本番をいい加減にやるのと同じだ、と僕は思っている。だから、サウンドリハーサルでも、テクニカルリハーサルでも、けっして手を抜くことはしないし、妥協することもない。

僕の〝こだわり〟という部分は、僕たち作る側の人間にしかわからない。しかし、そのショーをご覧になった人たちには伝わる感動が違ってくるだろうし、拍手の量が変わってくるはずと思っている。つまり、〝感嘆詞〟がもれるか、もれないかの違いはそこにあるといっていい。

僕が18歳のころ、ステージ上の僕に客席の男性から何度かヤジが飛んだことがある。当時は僕がステージに立つと、〝感嘆詞〟ではなく、〝歓声〟しかなかった。そのすさまじい歓声に混じって、「へたくそ！　声が聞こえないぞっ！」と。

ことあろうに僕は、歌を聴かないのは観客で、自身の力量のなさではない、足を運んだ観客のせいと思っていた。そして僕はその男性に向かって、「おまえが静かにしていれば聞こえるんだよ！」とマイクを通していってしまった。

いま思えば、こんな恥ずかしい話はない。結論として、僕は猛省し、自身の歌をもっと磨かねばと恥じ入った。静かに聴いてほしいなどと口にせず、自身の歌の力で観客を唸らせ、〝歓声〟から〝感嘆詞〟に変える、それこそが歌手のあるべき姿なのでは、と。


〝こだわり〟という執着心と、〝わがまま〟という自分勝手さは違う。僕は物事に妥協することなく、あくまでも追求する姿勢を貫きたいだけだ。だから自分の思いどおりに振る舞うことを良しとしない。周りの意見には耳を傾け、その意見が正しいと思えば、僕は折れる。

〝できる〟ということには理由がある。〝できない〟ということにも理由がある。それをはっきりさせたいだけだ。そして単純に、できない理由が述べられないなら、それはできることなのだと僕は結論し、不可能を可能にしたいだけなのだ。

考えてみれば、この〝こだわり〟だけが僕を前進させてきたのだろうし、この意識を持ち続けることが自分を大きくさせる、と思っている。

つまり僕にとって〝こだわり〟とは、細かい仕事の集積。それがいつか、複雑なジグソーパズルのように絵を成すのだ。

19　何事も突き詰める

僕が小学校3、4年生のころだった。誕生日プレゼントでもらったもののなかに、黄色の蛍光ボールがあった。柔らかめで野球ボールサイズだったが、野球少年の僕にとって、これはかけがえのないプレゼントになった。家のなかで壁とキャッチボールをしていたし、外に行くときには必ずその黄色いボールを小さな手に握りしめていた。

しかし、いつのまにか発光度合いが低下し、蛍光ボールではなくただの黄色いボールになってしまった。残念ながら、それをどこでなくしてしまったかは覚えていない。ただ、誕生日プレゼントをもらったそのときの胸のときめきだけは、いまでもはっきりと覚えている。

僕の誕生日は1955年10月18日。先日61歳になったばかりだ。この連載のタイトルは『黄金の60代』。自身の60代を人生で最高のものにしたいという願いを込めてつけた。その黄金の60代の1年がすでに過ぎてしまった。果たして自分がイメージしたとおりに進んでいるかを考えてみるが、本音をいえば、そうかどうかはまったくといっていいほどわからない。

来年（2017年）僕はレコードデビューをしてから丸45年を迎える。当然ながら、その5年後にはデビュー50周年だ。そして、その3年後には70歳を迎える。ある意味、僕にとっては祝い事続きで60代が過ぎていく気がしないでもない。思えば50代に入ったころからだろうか、キャリアや年齢を重ねることは微妙に複雑な心境ではあるが、妙にうれしいとも感じるようになった。言葉で表すことができないほど入り組んだ感情が生まれてきている。まるで顔に皺《しわ》が刻まれていくように、年齢とともに備わってきたものなのだろう。

61回も誕生日を迎えれば、毎年毎年の誕生日を覚えているはずがない。とはいえ、節目節目で記憶に残っていることは書ききれないほどたくさんある。

確か20歳のときは高輪に住んでいたので、港区の成人式に着物姿で出席し、国語辞典かなにかを頂いた。このときは報道陣も大勢詰めかけていたので、間違いなく周りの方たちに迷惑をおかけしたはずだ。そして式が終わり、会場のその階段のなかほどで報道関係者に囲まれながら写真や映像を撮られたことを覚えている。37歳の誕生日は『Samurai Cowboy（サムライカウボーイ）』という映画の撮影をカナダの国立公園内で行っていたので、野生のシカやネズミに祝ってもらった…。44歳の誕生日はその7月にリリースされた『GOLDFINGER'99』で、誕生日どころではないほど忙しかったが、10月18日はなぜか、平尾昌晃さんのチャリティーゴルフに参加していた。忘れられないのは55歳の誕生日で、『55!!伝説』というタイトルで日本武道館ライブを行った。これはタイトルどおり伝説的な最高のライブになった。アンコール前には着替えている僕の耳に、1万数千人の観客から自然に起こった〝Happy birthday to you〜〟の大合唱が聞こえてきた。これまでの人生でいちばんうれしいバースデーソングだった。着替えながらも僕は、顔は笑って、心では泣いていた。あの震えるような感動と感謝は、永遠に僕の脳裏から消えることも、褪《あ》せることもないだろう。そして、60歳の誕生日はファンの方たちからの祝福はもちろんのこと、友人たちから、僕が3年ほど前から探していて、とてもほしかったエルメスのバーキン――ブルージーンと呼ばれる色といい、大きさといい、まず手に入らない――をプレゼントしてもらった。

友人たちが催してくれたバースデーディナーでもっとも記憶に残っているのは、船上での誕生日だった。6、7年前だっただろうか、クルーザーを借り切って東京湾のあるところから出港し、4時間ほど船上で過ごした。そのあいだに僕たちはフルコースのディナーを楽しみ、飲んで、語らい、そして笑った。あれほど友人たちの心遣いに感謝したことはなかった。

僕は自身の60代をベストに過ごすためにこれまでの人生があったといった。しかし、人生なんてものはうまくいかないことが大半を占めると思う。だからといってネガティブな意識を持つこともない。つまり、うまくいかなければ、なぜうまくいかなかったのかを自身で考え、学ぶことができると思うからだ。

先日、5、6年前から僕がゴルフレッスンを受けているプロギアの宮川まもるプロに、「僕は毎回その日のレッスン映像を見て、自分の欠点を探すことだけに集中しています」と話した。まあ、平たくいえば、あら探しだ。そして、どうしたらその欠点を解決でき、克服できるのかを研究する。癖は抜けにくい。矯正中の歯みたいなもので、その戻る力はすごい。放っておけばいつのまにか元の状態に戻っている。なので、癖を直そうと思うなら、相当の意志と継続力がいる。

宮川さんは僕の話に驚いていたのか、苦笑していたのかは僕にはよくわからない。しかし、それが僕のやり方だ。遊びであれ、仕事であれ、興味を持ったものを突き詰める意欲は萎《な》えることがない。

僕にとって誕生日は、その意識がまだあり続けるのかを確かめるときでもあるのかもしれない。

遊牧民はカレンダーを持たない生活が一般的と聞いたことがある。つまり、今日が何月何日かを知らずに生活しているという。なので、誕生日や祝日もないのだ。ある意味幸せかもしれない。でも、僕にはそんな生活はあり得ない。

1年をひと区切りと考えるなら、これからの1年をどのように過ごすかはとても大事なことだ。僕の60代最初の1年は順調に滑り出したのだろうか…。思い描いていたように進んでいるのだろうか…。冒頭でも書いたようにまったくわからないというのが正直なところだ。しかし、前向きな姿勢、その積み重ねでしか、自分が意図した人生は作れないのではないだろうか。ならば、〝良くなる〟〝良くする〟と信じて明日に向かうしかない。それを再認識するのが、僕の誕生日の迎え方でもある。

20　ファッションは“Less is more”

何年か前の新幹線のなかだった。グリーン車の通路をこちらに向かって闊歩してくる40代後半の男性が、僕の目にとまった。どう見ても月刊誌『レオン』の表紙から抜け出てきたような格好をしていた。健康的に浅黒く日焼けした肌、頭の上にサングラスを載せ、Tシャツにネックレス、その上に白っぽいブルゾン、パンツはブラックデニムの裾をロールアップし、靴は黒い色のモカシンを履いていた。つまり、ちょいワルオヤジ風なのだ。

完全に『レオン』のパクリだ、と僕に思われた時点でその男性は僕的にはアウトだった。もっとオリジナリティや自分らしさを出せばいいのに、と瞬間的に思いつつ、僕は持参していた本の、本屋でもらった栞《しおり》が挟んであるページをひらいて、『レオン』のちょいワルオヤジではなく、トム・ロブ・スミスの『チャイルド44』の主人公、レオに没頭し始めることにした。

ファッションでオリジナリティを出すというのは難しいのだろうか…。『ゲーテ』の読者たちはおそらく40代。ならば、確実にオリジナリティが確立されているはずの年代だ。ではそのオリジナリティはどのように醸成されるものなのだろう。

ファッションの素地、つまり土台になるものは10代、20代、30代と生きていくなかで自然に培われていくと僕は思う。そもそもファッションに興味がないなら別だが、興味があるのであれば、着るものや身につけるものに対して特別な関心を持つことがまず出発点だ。

僕の場合、一般の方と比べれば、仕事柄圧倒的に服を着て見せる機会が多い。僕が10代のころには〝スタイリスト〟という職業は存在していなかった気がする。なので、写真を撮るにしても、自前の服を着ていた。否が応でも興味を持たざるを得なかったのだ。僕のワードローブに入っている服を自身で選び、着ていたが、それが本当に正しかったのか、というか、ファッショナブルだったかは定かではない…。いまでは撮影ともなれば、スタイリストが何着も持ってきてくれる。もちろん彼らのお薦めはあるが、最終的には僕自身がそのなかから自分の好みで選ぶ。

僕が20代前半のころだった。名古屋のとある旅館の玄関での出来事だった。僕は白いシャツの上にジャケットを着てシャツの襟を立てていた（こうすることが、おしゃれな時代もあったのだ…）。僕の出発を笑顔で見送ってくれる女将さんが、「襟が立っていますよ」とシャツ本来のあるべき姿に戻してくれた。僕は心のなかで苦笑した。「これが流行《はや》りなのですけど…」、と。もちろんそれを口には出さず、「ありがとうございます」と外してある学生服のカラーの前のホックを、生活指導の先生に留め直されるように素直にそれに従った。僕のファッション感覚はそこでは通じなかったということだ。つまり、ファッションなんてものは、自分がどう感じるかも大切だが、人によって感じ方も千差万別ということだ。

モテたい、という意識がある30代まではファッションに気を遣う。しかし、結婚してからはどうも気を遣わなくなった、そういう人も多いのかもしれない。スーツのほうが楽だからと思っていると、ある意味ファッションもどんどんいい加減になってくる。

考えてみれば、スーツほどファッションに気を遣わなくなるものはない、と僕は思っている。たまに私服で着ることはあるが、これほど楽な服はないというのが正直な僕の感想だ。

ビジネスマンはシャツやネクタイさえ替えれば、あとは基本的に3、4着あるスーツを着回していればいいと思ってしまうのではないだろうか。しかし、その意識だけで着続けてしまうと、センスは後退する。いや、百歩譲っても前進することはなく、そのままだ。

僕はファッションでもなんでも、イキすぎないように心がけている。それはファインラインをわきまえること。つまり、自分らしさというオリジナリティを持ちつつ、トレンドという新しさを取り入れる。そして取り入れるならワンポイントで充分と思っている。いくつも取り入れれば、ガンバって若作りしているよねえ、という印象を人に与えるだろうし、まったく取り入れなければ、昭和だよねえ、となる。

ずいぶん前に、ある新聞記事に高齢の女性のインタビューが載っていた。その人曰く、若さは80歳でも持てる。20歳の人でも、若さがない年寄りの人もいると。それは、僕をハッとさせた。そのとおりだ。若さは気持ちという内面のものだ。そして、若作りとは外面にとらわれすぎていること。つまり、内面がないと化けの皮が剥《は》がれたときには、骸骨《がいこつ》のように筋肉もなければ、脂肪もないのだ。

年齢を重ねても自分らしさをどのように出していくかは、結局は、本人がどこへ向かいたいかが重要と思う。僕はいまという時代と共に生きたいと願っているが、けっして時代に迎合はしたくない。だから、自分らしさを大切にする。そのためには、ワンポイントだけ取り入れれば充分という結論に達したのだ。

この〝取り入れすぎない〟という考え方は、僕にとってファッションに限らず、生き方でも同じだと思って実行している。“Less is more”という英語がある。〝やりすぎないように〟というような意味だ。僕はいつもこの言葉を頭に置いている。料理もお塩を入れすぎないように、お醤油をかけすぎないように、ご飯も食べすぎないように、ファッションもイキすぎないように、人に対してもいいすぎないように、そして人との距離も近すぎないように。この言葉が僕という人間を象徴しているように思える。

やらなすぎもときにはダメ、やりすぎもときにはダメ。それを間違わずに選択できる目は、時間をかけ多くのことを学び、試し、失敗し、成功し、そしてまたつまずき、そのなかから持つことができるのではないだろうか。

21 すべての行いは自分自身のため

僕はおよそ半年前から、2週間に1回ほど、顔と頭に美容鍼《びようばり》を打ってもらっている。じつはあるクリニックの看護主任にその美容鍼を薦められたので、僕にはとても説得力があった。

その施術前に鍼灸師《しんきゅうし》の方に脈を取られる。僕の脈拍はとても強く、交感神経の作用がかなり強いのだそうだ。なので、できるだけそこではリラックスし、副交感神経の働きが交感神経を上回るよう心がける。

目を閉じ、心を落ち着かせることに専念する。目を閉じるという行為は、視覚的に心を奪われることが極端に減るということだ。つまり、目を開けていれば、否が応でも目がなにかを捉え、そこから脳があれやこれやと思考する。だから、目を開けているとリラックスしづらいということらしい。

僕の顔や頭に打たれた30本ほどの鍼。なおかつその鍼に微弱の電気が流されるので、初めてのときはさすがに鍼慣れしている僕でも、本当にリラックスできるのかと疑っていた。が、不思議なことに数分もすると眠りに落ちてしまった。眠っている時間は15分ほどとは思うが、短時間なのに質の高い睡眠と思えるほど熟睡したことを覚えている。そして、回を重ねても同じように眠ることができる。つまり、わずかな時間でも僕がリラックスし、心地よさを感じるときでもあるのだ。

〝心地よさ〟と〝こだわり〟はとても密接な関係を成していると思う。

こだわりとはとても小さなことで、人から見ればどうでもいいようなことだ。一見、そんな小さなことに執着するのは無意味に感じるかもしれない。ただ、その小さなこだわりのピースを積み重ねていくと、形ある大きなものに変化する。大きなことを成し遂げるには、小さなことを積み上げていくしかない、とよくいわれるが、こだわりも同じことかもしれない。そのこだわりに当てはまらない箇所を見つけ、修正することに固執し、それを克服するとなぜか僕は心地よさを覚え、心が落ち着く。つまり、心地よさを求めるために欠点を補っているともいえるかもしれない。

心地よさの追求は、こだわりの追求でもあると思う。僕は自分が穿く下着や、パジャマに絶対的な心地よさを求める。下着はデニムなどと同じでローライズが大好きなので、基本的にそれしか穿かない。とはいえ、初めてローライズを穿いたときはあまりの穿き心地の悪さに、違和感があったことを記憶している。それまで穿いていたハイウエストパンツがあまりにも僕には馴染んでいたからだ。ただ、いまとなっては股上の深いハイウエストは、僕がいまから公務員になることがないのと同じくらい、穿くことはありえないと思う…。

そして、パジャマは白いコットン生地のもので、ザ・リッツ・カールトンというホテルで購入している。先日も6着ほどオーダーしたばかりだ。いつもパジャマの上下に自分の名前を刺繍してもらう。そして、股の部分に当て布をし、補強してもらう。毎日取り替えるものだし、毎日の洗濯に耐えられるようになっている。

以前はトランクスにTシャツという姿で眠っていたが、何年も前からパジャマ派になってしまった。このザ・リッツ・カールトンのパジャマはずっと使い続けているものだ。考えてみれば、パジャマというのは、眠る前にそれに着替える。つまり、眠っている時間、それに前後の時間を含めれば最低でも7～8時間は身にまとっていることなる。だからこそ自身の心地よさを追い求める意味においても、僕はゆずることができないのだろう。

いま、僕のスマホが22時のアラームを鳴らした。毎日この時間を知らせてくれるよう設定している。僕の就寝準備時間の始まりを教えてくれるのだ。これから休む準備をし、ベッドに入り、本を読んでいるうちに眠気が訪れ、24時前には夢の世界に導かれる。起きてだらだらとテレビやビデオを見たり、ネットサーフィンをしたりということはしない。24時前に休むことの大切さを知っているし、睡眠が及ぼす声への影響も理解しているから、ムダに起きていることはしないのだ。この行為が、次の日に備える、ある種の心地よさを求める僕の手筈なのだろうと思う。つまり、〝心地よい〟と思えることに妥協しない姿勢が僕の感性を保っているのでは、と考えているからだ。

ある時期まで、人に見られていないときぐらい、自分を律しなくていい、どんな風に振る舞おうといいじゃないかと、靴を玄関に出しっ放しにしたり、手がふさがっていれば扉を足で閉めたりしていた。しかし、40代のなかごろにある人からいわれた。

すべての行いは自分自身のためでもある、と。その言葉は僕の心に響いた。

それをきっかけに、僕は自分自身を変えていった。そしていつのころからか、たとえ見られていなくても、僕のやるべきことに差異があってはならない、そうしたほうが、僕の心が落ち着くということがわかった。


では、心が落ち着くとは…？　静まり返る湖畔の水辺に立ち、風の音に耳を澄ます。目を閉じ、小川のせせらぎに耳を傾ける。あるいは、乗り物の心地よい揺れに身を任せる…、などと、人それぞれだろう。しかし、そういったものはじつはいずれも不規則な音であり、振動なのだ。規則正しそうで本当は不規則。そのなかに僕たちは引き込まれていく。不規則であるからこそ、単調にならずにその変則的なリズムに心を奪われていくのかもしれない。

自分で規則正しく生活していると思っていてもなにかが起こり、それに心を煩わされる。しかし、それが人生だ。つまり、人生とは理不尽で不規則なものなのだ、と思えばなにが起ころうと腹の立つこともない。その不規則さのなかに〝心地よさ〟を見いだせばいいだけのことだ。

22 人生は山あり谷あり

誰にでも良い時期、良くない時期がある。もちろん、僕の人生もジェットコースターのように昇ったり降りたりしているようなものだ。

そのスピード、急カーブ、急斜面から放り出されてはならないと、人生を疾走する乗り物に必死にしがみついている。気を抜けば放り出されかねない。だからこそ、その乗り物に自分の心や体をくくりつけ、ある意味スリルを味わうことに快感を覚えたり、ときには恐怖に顔を引きつらせたりしているのだ。

人生は見極めが大切だと思う。上り調子のときは新たなことにチャレンジするのもいい。いままでとは違う道に歩を進め、自身の可能性を広げていくことも必要だと思う。

しかし、悪い時期、つまり人生の下り坂にいると感じたときは、動かないことが賢明と僕は考える。早い話が、その時期にはなにをやっても悪いほうへ転がっていくのが人生なのだ。

人生で動いていい時期かどうかの見極めを間違えれば、転落への一歩を踏み出したのと同じことだ。まるで平均台を目隠しして歩くようなもので、危険きわまりない。

では、その時期を知るにはどうするか。僕は自身の勘に頼らず、気学という占術《せんじゅつ》にゆだねている。しかし、これは統計学でもあるので、確率の問題ではある。とはいえ、70％の確率で当たるとされるのが気学なら、僕はそれに賭ける。

悪い時期は、得てして、なにをやってもうまくいかなければ、次にはこれをと思いたくなるのが人の性《さが》だ。それをせずにグッと我慢することも大事なのかもしれない。

かといって、動かないということはなにもしないということかというとそうではない。つまり、自身の人生でなにが本業かを知り、それに磨きをかけていくことに専心する。自身の核となるものを磨き上げることに没頭するのだ。

3年も過ぎれば悪い時期も抜けるはずだ。

ところが、不思議と悪い時期に良さそうと思える（実際は悪い）話が舞い込んでくるものだ。ただ、悪い時期というのは物事や人を見抜く目が曇っているので、なかなかその奥にあるものまでは見通すことができない。つまり、うわべの良さだけで判断してしまう恐れがある。それに悪は魅力的だ…。

僕もそうだったが、良くない時期に良いと思える話が舞い込んできたことがある。名義貸しだけでいいのでレストランをやりませんか。この株に投資すると最低でも倍、うまくいけば20倍になる可能性もありますよ。引っ越しを考えていたときには、最高の物件があります、いま手に入れないと、もうこれほどの出物はないと思います、などといった話だった。でも、それらはまやかしなのだ。つまり、悪い時期は見る目がないから良さそうに見えてしまうだけなのだ。

僕が33歳のころ、まだ気学に出会う前だった。ブルガリアのある研究機関から、石油の代替エネルギー、〝水素エネルギー〟の話が知人を通じて僕のところへ舞い込んできた。

そして、グラスの水が水素エネルギーに変わっていくVTRを見せられた。ブルガリア国内にある研究室で、発明者が水道の蛇口をひねりグラスに水をそそいでひと口飲んだ後、その水をある器具のなかに入れる。水がいくつかの器具、フラスコ、チューブを通り、最後にはそれが水素エネルギーと化し、轟音《ごうおん》と共にすさまじい炎を発していた。まるでロケットが発射台から打ち上げられるときのような炎の光景だった。

僕はいわれるがまま、その販売の権利を得るため数千万円を指定されたスイスの口座に振り込んだ。ある人は自宅を担保にしてまでお金を作っていた。僕は、自分が莫大なお金を手にしている夢を見ていたのだ。

数週間後、僕たちはブルガリアへ飛んだ。そして、VTRで見せられた研究所を訪れた。残念だったが研究所はお休みで、発明者の博士はもちろん不在だった。僕たちは感慨深げに、ビデオで見たあの研究室を見学した。早い話が、もぬけの殻《から》だったのだ。ただ、その時点でも、僕たちはまだ詐欺だと気づいていなかった……。

人生は放棄するわけにはいかない。だからこそ自身が強くなること以外に、悪い時期を切り抜けられる方法は僕のなかには見つからない。もちろん、悪い時期は早く過ぎてほしいし、できれば、やっかいな問題など身の回りに起こってほしくないのが本音だ。たとえ順風満帆に見えても、当事者にしかわからない厄介事は起こっているものだ。

僕は去年の誕生日をピークに良い時期を迎えている。これが3年ほど続くといわれている。その時期には積極的にいろいろなことにチャレンジしていくと心に決めている。その前の3年間はどん底にいた。

僕はいまから3年ほど前に声帯の手術をした。その影響で、自分の声にまったく自信が持てなくなった。しかし、すばらしい医師と出会い、必ず良くなると励まされ、その言葉を信じ、自分が自由自在に歌っている姿を夢見て、自分を磨くことだけに没頭しようと思った。そして、その時期を脱することができた。

つまり、いまの仕事のことだけに集中し、自分を高めることしか考えなかった。レストランの名義貸しをすることも、家を買うこともしなかった。郷ひろみとしての可能性を信じ、じっと我慢し、自分の持っている技を磨くことしか考えなかった。

いま思えば、あの数年間は試練という、大きなターニングポイントだった気がする。

どんなに悪い時期でも、「まあ、人生はこんなものだな。この山あり谷ありが人生なのだ」と腹をくくることで勇気が得られ、あわてずに乗り越えられるのではないだろうか。

勇気という大切な荷物を持ち、人生を駆け抜ける乗り物に乗り、そのジェットコースターのスピードを楽しむことができれば、顔にあたるその風も、ときには心地よいものだ…。

23 努力は、ごく普通のこと

僕は人から、「ひろみさんは特別だから…」といわれることがある。これは完全な間違いだ。僕はまったく特別ではない。いたって普通、と自分では思っているし、それに、特別なことなどなにもしていない。

ただ、最近思う。普通のことをずっと続けていくと、いつしか〝特別〟になるのだ、と。その逆、普通のことが続けられないと、〝普通〟のままなのだ、と。

たとえば、僕は運動を30年以上続けている。いまは週3回、専属のトレーナーに付いて、フリーウエイト、ダンベル、自体重でのメニュー、そして最後は加圧ベルトでのトレーニングを行う。だが、こういったことは特別な存在になりたくて続けているのではない。特に興味を持って始めたこと、あるいは一大決心をして始めたことは、続ける価値があると思っているからだ。僕の特技みたいなもので、継続が取り柄なのだ。それに、続けられるのは自分の生理的なもので、自身の心が落ち着くところに行きたいという気持ちのなせる業だと思っている。こういったことを続けていると、どうも人からは特別に見えるらしい……。

ときに、やり続けているうち、それまで見えなかったものが見えてくることもある。だから続けることは価値がある。ただし、その部分の修正に取り組めば、さらに数年は費やすことになるのだが。

だがその姿勢が周りの人を動かすかもしれないし、僕に対して先入観を持っている人たちに、いい意味で違った見方をさせ、そこから新たな仕事へと発展していく可能性があるかもしれない。

僕が好きで続けていることにゴルフがある。ゴルフはとにかく歩く。ゴルフの日の僕は2万4000歩ほど歩く。僕はカートに乗らないので、距離でいえば18キロほど。歩くことは心臓病予防にもなるし、脚力が鍛えられる。つまり、老化を防げる。ゴルフ場には平らなところがどこにもない。ということは、すみずみまで体の筋肉を使い、足の裏で体のバランスを取っているのだ。ゲームを楽しみながら体が健康になるなんて、一石二鳥だ。

僕がゴルフ場へ初めて行ったのは19歳、宮崎にあるフェニックスカントリークラブだった。練習もせずにいきなりゴルフ場に連れていかれ、ラウンドしたことを覚えている。まだ、ラージボールとスモールボールがあった時代だ。スモールボールはラージボールに比べてよく飛ぶ。アマチュアは飛距離が出ないので、それを使うのが当たり前だったようだ。上級者やプロはラージボールと決まっていた。それがいつのまにか、すべてラージボールで統一された。

そのころは、ゴルフはおじさんがやるスポーツというイメージで、若い人たちのあいだにはまったくといっていいほど浸透していなかった。なので、そのときから僕はゴルフが好きになっていったということもなかった。シングルプレーヤーになろうと本気で頑張りだしたのは、30代の半ばだった。では、なぜそのような気持ちになったのだろう…。自分の思いどおりにボールがコントロールできていなかったからだ。（まあ、それはいまでもそうだが…）。早い話が、いいスコアで回れていなかったからだ。それに、シングルプレーヤーは日本のゴルフ人口のわずか7％ほどと耳にしたことがある。そのわずかな数字のなかに自分も入りたいと思ったようだ。

基本的に、ハンディキャップが『20』の人は、18ホール（1ラウンド）で20回ほどリカバーできないミスをする。『5』の人は、5回ほどしかリカバーできないミスをしない。そのミスの数がハンディキャップなのだ。

一念発起してシングルプレーヤーの仲間入りをするぞ、と決めてからの僕は、暇があれば練習場に通い続けた。いや、暇がなくても仕事前に自ら時間を作り、2年ほど真剣にシングルを目指してやり続けた。そして、なんとか『9』を取得し、その1年後に、ハンディキャップ『8』という数字が書かれた葉書が届いた。それは、我が家の家宝として棚の上に飾られている。ただ、本当のシングルは『5』以下の人たちで、ゴルフ人口のわずか2％強しかいない人たちだと僕は思う。なぜなら、この人たちは、ほとんど崩れることがないからだ。なので、僕の『8』なんてものは、『12』の人と変わらない。

現在の僕の正確なハンディキャップはわからないが、いまのほうが圧倒的に真摯《しんし》にゴルフに取り組んでいる気がする。ただ続ける、ただ取り組むだけではなく、じつは、いまでもプロギアの宮川まもるプロに、月1回ほどのレッスンを受けている。

我流には限界がある。その限界を突破するには、その分野の専門の人に教えを請うのがもっとも伸びる方法ではないかと僕は思う。歌も、ダンスも、水泳も、運動も、料理も、すべてそうではないだろうか。

ゴルフにおいて完璧なスイングなどできるはずがない。でも、そこに少しでも近づきたいと思い、日々自身のスイングを見て研究し、完成度を高める。このあら探しは、僕が作るコンサートのこだわりの部分に似ている。つまり、ゴルフに対してのこの意識があるからこそ、コンサートなどの仕事にも執着心を持てるのだ。いや、仕事へのこだわりがあるからこそ、ゴルフへのこだわりも尋常じゃないのだろう。どちらにせよ、好きになれば悪いところは修正するという意識が生まれるものだ。

「天才は1％のひらめきと99％の汗」とトーマス・エジソンはいっていた。つまりは、努力に勝るものはないということにもなる。努力とはなにか…。歯を食いしばり目標に向かって続けていくことだ。

努力には、できるまですることと、永遠に続けていくことの二つがあると思う。どちらも一筋縄ではいかない。でも、それを当たり前の顔をして続けていくことが美学だとしたら、そこに僕は興味を覚える。そして、ごく普通のこととして、続けていくことができればと思う。

24　思い込みが願いを叶える

２０１７年2月20日は〝寅の日〟の〝天赦日《てんしゃにち》〟で、1年に一度の日だった。

天赦日は日本の暦の上で最上の吉日とされている。あまり、耳にしない言葉だと思うが、1年のうちでも数回しかない幸運日だそうだ。新しいことをスタートさせたり、躊躇していたことにチャレンジしたりするにはもってこいの日、つまり最良の日といわれている。

また、黄金色にシマ模様の虎は、〝金運の象徴〟といわれて、寅の日に財布を買うと、「出ていってしまったお金を呼び戻してくれる」という験担ぎもあるらしい。

なので、寅の日の天赦日に、財布を替えるのがいちばん良いと聞いたことがある。

ちなみに、友人もこの日に財布を替えていた。

占いによれば、〝新月〟のときも天赦日や寅の日と同じように、新しく清々しいエネルギーが溢れているので、何かを始めるには最適の日時といわれている。新月は毎月1回ある。なので、1年に12回はやってくる。

わかりやすくいえば、新月とは、太陽と地球のあいだに月が入る形で、ほぼ一直線に並ぶ現象で、満月とは、太陽と月のあいだに地球が入る形で、ほぼ一直線に並ぶ現象だ。


僕が財布を替えるときは新月にこだわるので、今年（2017年）は1月28日（土）の9時7分に、2年ぶりに新しい財布に替えた。つまり、1月ではこの日のこの時間が新月だった。僕にとって、新しい財布への交換は儀式みたいなものでもあるので、頭がさえた朝の時間が良かったのだ。

僕は2年ほど使っていたグレーの長財布から、黄色の長財布に替えた。この財布は、去年パリに行ったときに購入していた。本当は新月だったり、天赦日だったり、その当日に新しい財布を買うことが望ましいのだろうが、気に入った財布にはそうそう出会えない。なので、去年僕がパリで偶然出会ったお気に入りの黄色い財布は、自宅の引き出しのなかにしまっておいたのだ。

財布には好ましい色があるという。赤色の財布は赤字になるのでダメだそうだ。青色はきれいな色ではあるが、水をイメージする色でもあるので、大切なお金や財産を流してしまうといわれる。

金色や黄色は金運が良いといわれる。ただ、黄色はパワーがとても強い色なので、ドンと入ってくるが、出ていく際もドンと出ていってしまう傾向があるらしい（今度の僕の財布は黄色なので、気をつけねば…）。

黒やグレーは落ち着いた色なので、入ってきたものを留まらせるといわれている。

僕がある時期から長財布に替えたのは、お札は折らずに持つことが望ましいと聞いたからだ。長財布なら二つに折り曲げることもない。無造作にポケットへくしゃくしゃにしまわれたお札や、二つ折りにされたお札は、長居をしたくないと財布から逃げていくそうだ。なので、良い状態で、のんびりと僕の財布で休んで、できればお友達もたくさん呼んでほしいと願い、いまではきれいに財布のなかで横になっていただいている。

そして、小銭は同じ財布には入れないほうが良いという。これにもわけがある。お札と同じ財布に小銭を入れると財布がパンパンになり、財布の形が崩れ、お札の形も崩れる。こうなると、お札も財布も大事に扱っていないのと同じになるので、小銭入れを別に持ち、お札と小銭を分けて入れておくことが大切だそうだ。

僕は長財布とは別に小銭入れを持っている。とはいえ、あまり小銭を持つとバッグ自体が重くなるので、もらった小銭は、いつもその場で近くにいる人にあげてしまうことにしている。

また、財布へのお札のしまい方も金運に関係あると聞いた。僕は必ず逆さまにしまう。福沢諭吉先生や樋口一葉さん、そして野口英世先生は常に逆さま。お金は入ってきて、できれば出ていってほしくないので、入る方向、つまり、頭を下向きにし、財布にしまうことが大切なのだそうだ。

まあ、僕も長いことこういったことを続けているので、それが当たり前になってしまい、どうしてお札を逆さまにしまうかなど、深く考えることもなくなってしまった。長く飲んでいるサプリメントの効能を考えることもないのと同じだ。その効能をたまたま人に訊かれたときの、「これは、何に効くんだったたっけなぁ…」みたいなもので、もう忘れてしまっていることもあるのだ。でも、習性でそうする。習慣で飲むことで気持ちが落ち着くのだ。財布にしまうお札も同じようなもので、ごく当たり前に、福沢諭吉先生は僕の財布のなかで、逆さまになって休まれている。

このような迷信じみたことが本当かどうかなんて僕は気にしたことがない。ただ、自分の心が落ち着くからしているだけだ。


何か目標を達成したいと思うとき、僕たちはその成就《じょうじゅ》を強く願うし、それに向かって努力するはずだ。そして、その思いが強ければ強いほど目標が結実することを、僕たちは体験的に認識しているから頑張れるのではないだろうか。

新月に、あるいは寅の日の天赦日に財布を替える。僕はそれでいいのではないか、そういう気持ちが大切なのだと思っている。他人には理解できないことでも、こんなたやすい〝行い〟はないと思う。こういったことに科学的な根拠などないのかもしれない。つまり、あやふやだ。ただ、正直にいって僕にはそんなことはどうでもいい。根拠があるように思い込めばいいだけのことだ。自身で強く思い込むことによって、願いを叶える。そう、科学的な根拠などなくても、慣習から得られるものがとても強いメッセージである、ということを理解すればいいだけのことだ。

ある意味、自分が無力であることを知り、そして心の声に耳を傾ける…。じつは、それが強い人間の選択なのではないだろうか。

25　矛盾には魅力がある

あれはたしか、1971年の初夏だったと思う。僕がまだ15歳。ジャニーズ事務所に入ったばかりだった。当時、渋谷にあったジャニーズの合宿所からダンススタジオに連れていかれた。たしか、青山辺りのダンススタジオだった気がする。

そのときは、僕の先輩にあたるジューク・ボックスという4人組で、フォーリーブスの後輩にあたるメンバーとその他数名の男の子たち、その彼らに交じってまったくの初心者というより、ど素人の僕がいた。

僕たちは簡単なストレッチから始めた。それが終わり、ダンスの先生の指示で一人ずつツーステップをしながら、長方形のスタジオを反時計回りに回り始めた（そこだけはしっかりと覚えている。それほど僕にはその場面が印象的、いや、衝撃的だったのだ…）。

ツーステップとは、タッ、タタッ、タッ、タタッ、という感じで、2歩を一つと数え、本来ワンステップでいくところを左右の足を交互に出し、同じ拍数内に2歩踏むのだ。まあ、スキップとよく似ているが、ツーステップとの大きな違いは、スキップは片足だけで2歩分を行く。タタッ、タタッ、タタッ、タタッ。そう、子どもがよくやるものだ。当時の僕には、その違いさえわからなかった…。

僕たちはツーステップをしながらスタジオを回っている。しかし、僕だけなにかがおかしい…。同じ側の手と足が同じタイミングで前に出ているし、リズムも違う…。とはいえ、おかしいと思っても修正できない。できようができまいが、必死で前の男の子についていかなければならない。

小学校の運動会の行進で、たまに同じ側の手足が同時に出ている子どもがいる。まさに、あれだ。しかし、そのとき僕は小学生ではない、15歳の高校生だった…。だから衝撃的だったのだ。

それが僕のダンスの始まりだった。生まれて初めてのダンス経験だった。

いまは学校の授業にもダンスが取り入れられたと聞く。ダンスの大衆への浸透度は高く、まるで絨毯《じゅうたん》にこぼした水のように、この数年であっという間に広がった。そして、ダンスそのものの形も大きく変化した。

僕がダンスを学び始めたころはジャズダンスが主流だった。ブレイクダンスもなければヒップホップダンスもなかった。僕はいつのまにかジャズダンスに引き込まれていった。何年か後、自由自在にとはいかないが、歌い動く自分が存在していたし、体を動かして歌うことがごく当たり前になっていた。そして〝歌は心で歌う〟というのはベースにありながら、〝歌は体で歌う〟という意識のほうが俄然大きくなっていった。なんというか、ビートを感じれば自然に体が反応し、動くようになった。とはいえ、あの初めてのダンススタジオから数年経っても、僕のダンスはたかが知れていた。


そんなこともあり、僕は初めて19歳でNYに行ったときにジャズダンスのレッスンを受けた。そのときに、なぜかパントマイムのレッスンも受けた。ただ、2週間ほどの滞在だったので、ほんの2、3回しか受けていない。そして残念ながら、パントマイムはそのときだけで終わってしまった。

いま思えば、パントマイムがいつしかブレイクダンスになり、そしてヒップホップダンスを形作っていったのではないだろうか。そのパントマイム以前にはと考えれば、もしかして、マリオネットという操り人形がそれらのダンスの原型だったのかもしれない。だからこそ、あのときにもっとパントマイムを学んでいれば、また違った自分のダンスが存在していたのではと思う。

僕はあるときから、なぜ観客はステージ上のパフォーマーに、憧れのため息をもらしたり、「ウォーッ！」と大声で叫ばずにはいられなかったりするのだろうと考えていた。そして前にも書いたのだが、僕が30代の初め、マイケル・ジャクソンを見たときにハッと思った。彼をよく観察すると、止まっているのだ。ダンスの流れのなかで、動きのなかで、瞬間であっても止まるときがある。そこに僕たちは感動を覚えるのだ、と思った。そう、〝止まった瞬間〟が格好いいのだ、と。素早く動いていたものがバァーンと瞬時に止まり、また次の動作に移る。これが〝キメ〟であり、もっとも大切なのだ。それを見て、人は感動したり、思わず手を叩いたりするのだと僕は解釈した。

そして、その止まるという行為が、体のキレなのだと僕なりの結論に至った。僕はそれを自身の動きに取り入れるようにした。ターンしてピタッと止まる。そこから次の動きに移る。そのメリハリが大事なのだ、と。緩急をつけることを殊の外意識した。

その〝止まる〟という動作を意識し、それを体に覚え込ませるようにした。それがいつのまにか、僕のスタイルになった。

体の動きを止めるためには、膨大なエネルギーが必要とされる。動いている車が急ブレーキをかけるようなものだ。全身の筋肉を使い、動いている体を止めていく。手や足、体の筋肉を使い、止める。動いている体を止めるためには相当の筋力が要求される。こうなれば、鍛えて筋力をつけていくしかない、というところに行き着いたのだ。

〝コクがあるのに、キレがある〟、というビールのキャッチフレーズがあった。僕はこんな矛盾はない、と思う。コクがあればさっぱりしているはずはないし、キレがあるなら、濃厚な味になどなるはずがない。つまり、矛盾は魅力的なのだ。だからあのビールは爆発的に売れたのだろう。

歌って、踊ること、それもある意味矛盾かもしれない（まあ、良くいえば二刀流だが）。歌うなら、歌だけに神経を集中し、踊るなら、踊りだけに徹する。しかし、〝歌って〟〝踊る〟を一人の人間が同時にうまく行えれば、それは僕には魅力的だ。体も、動いているのに止める。これも不両立だから、いいのだ。
矛盾は魅力。
その相反するものが、いまでは僕には心地よい。

26　心のコアを鍛える

数か月前、僕がトレーニングを終えて山手通りを渋谷へ向かっているときだった。信号待ちしている僕の車の前で、髪の毛を赤っぽく染め、ヒールの高い靴を履いた20代半ばと思しき女性が、横断歩道の手前7、8メートルから車道を横切り、小走りで渡っていった。その交差点は変則的なので、車道を渡るのはかなり危険だ。靴の底が赤ということはクリスチャン ルブタンか…。値段もかかとも、高い靴を履いている。しかも、あんなヒールなのによくそんなに走れるものだ、などと思っていると、その数メートル後ろから5〜6歳の男の子がその女性のあとを追っていった。というか、必死についていっているようだ。彼女は追いついたその子の手を取り、最後まで横断歩道を渡ることなく、車道を突っ切った。車道を渡った女性は、どうもその子の母親だったようだ。

男の子にまったく罪はない。というか、僕はこの子がかわいそうだと思った。少年の脳には、この車道を渡る行為が当たり前のこととして記憶され、大きくなってもそれを当然のことと判断してしまう。三つ子の魂百まで。そう、この子は大人になっても、横断歩道ではなく車道を横切るかもしれない。

僕はこの光景を目にし、その母親に憐憫《れんびん》と憤りを、少年に対しては気の毒さを覚えた。

社会にはルールがある。この少年は自分の利益のためであれば、ルールを破ってもいいと考えるようになるかもしれない。小さなことであるが、人格形成に影響してしまうのではないだろうか。

アンガーマネジメントという言葉がある。他者と共存し生きているなかで、むかつくことやイライラすることがある。そういったときの怒りの感情を上手にコントロールすることで、そのエネルギーをもっとポジティブに使ったほうが人生は楽しいのでは、というようなことだ。

怒りはどこから湧いて来るのだろう…。哀しみ、不満、屈辱《くつじょく》、非難などに由来するのだろうか。では、怒りはどのように鎮めればいいのだろう。

カチンとくるようなことがあったら、それをそのまま受け取るのではなく、「たしかに、そのとおりかも…」とか、「まあ、こんなこともあるし、こんな日もあるよなぁ」などと解釈すれば腹も立たない。それに、カチンときたこと自体、振り返ってみれば些末《さまつ》なことにしか思えなくなるはずだ。

僕は20代後半から、怒りをどうにかコントロールできるようになった。それ以前は気が短かったように思うし、自身のその気の短さについて考えたこともなかった。人からいわれるひと言にすぐに反応した。いわれたことを頭のなかで一周させて考えてから発言したり、我慢したりはしなかった。

僕が22、23歳のときだった。ある人から、「ひろみは気が短いというか、反対する人の意見にすぐに反論したり、感情を高ぶらせるから、それはやめたほうがいいよ。一晩眠ってから反論したり、決断を下したりできなければ、助言をしてくれる人はいなくなるよ…」といわれた。

それまで、僕にそこまでいってくれる人はいなかった。僕はその忠告を大切にし、できるだけ口を挟《はさ》まず、反論したいこともグッと我慢し、胸のなかにおさめるように心がけた。そして、一晩眠ってから、いわれたことをもう一度考えてみるようにした。

不思議なもので、一晩眠ると怒りや悔しさといった感情は、なぜか穏やかな湖水のようにおさまり、高ぶった気持ちは雲散《うんさん》してしまっている。

つまり、僕が覚えた感情は一晩眠ればなくなってしまう、そんなレベルのものだった。ただ、それでも忘れることができなければ、僕はその思いを相手に告げた。ただし、そのときは、すでに高ぶった感情はなくなっているので、理路整然と話をすることができるようになっている。


いまは、年齢的なこともあるだろうが、僕が大きな声を出して叱ることもなければ、感情をむき出しにして怒りを表すこともない。

では、怒りを覚えることはないのかというと…。

タクシーの運転に気分が悪くなることがある。なんでこんなにぎっこんばったんとブレーキとアクセルを踏むんだろう…。でも、「まあ、いいか。プロのドライバーに僕のような素人が意見するのもおこがましい話で、それにあと5分もすれば自宅に着く」と我慢してしまうのだ。これがいいかどうかはわからない。やはり、貴重な意見として、タクシードライバーにいってあげるのも大切なのだろう。しかし、相手がどのような反応をするかまったくわからないし、一から十まで話をするには5分では僕には時間が短すぎる。それに、こちらのいいたいことだけを伝えて、それで終わりというのも、平等ではない気がする。なので、結局いわない…。

怒りは誰も幸せにしない。それに、その感情が相手や周りの人間に伝われば、間違いなく場の空気が悪くなる。

怒りのピークは6秒しかないという話を聞いたことがある。なので、この6秒をやり過ごすことができれば、その怒りをやわらげることができるのだ。一晩眠るより圧倒的に短く、まあ、早い話がたった6秒を我慢すればいいだけだ。

コアビリーフという言葉を聞いたことがあるだろうか。自分が正しいと思っている信念や価値観のことだ。人によって考え方は様々で、千差万別なコアビリーフを持っているのである。

いまでは、コアマッスル（体幹の筋肉）を鍛え、体の軸を強固にすることが、関節に負担がかからず、姿勢を保つのにも良いとされている。つまり、運動ではコアマッスルを鍛えることが大切なのだ。同じように、コアビリーフも、つまり心のコアも鍛えることが人間性を豊かにし、人格を高めるのではないだろうか。

そうして、心を磨くことがコアビリーフにつながるのであれば、日ごろから心を鍛錬する試練は、砂浜の貝殻ほどあちこちに転がっている。

27　朝に体と向き合う

僕はどちらかというと、農業時間帯で生活している人たちの部類に入る。つまり、日の出と共に起き、日の入りでその日を終えていく感覚だ。10代、20代は工業時間帯で生きていた。それがいつのまにか、農業時間帯で生きることが自分には合っているのでは、と自身を変えてきたように思う。きっかけはよく覚えていないが、30代後半からそのようになっていった。おそらく、自分自身を大切に扱いたいとか、いまの仕事をもっと大事にしたいとか、そういう気持ちの表れだったのではないだろうか。もちろん、それまで自分をいい加減に扱っていたとか、仕事に自覚がなかったわけではない。ただ、若いころは驕りがあったと思うし、若さという計り知れないエネルギーだけではどうしようもないこともあると気がついたのかもしれない…。

不思議なもので、〝朝の行い〟、つまり午前中は僕にとって清々しい気持ちで臨め、朝のうちに自分の体と向き合い、一日の始まりの準備をするという考え方が備わっている。だから、週3日のトレーニングも、体が立ち上がっていく午前中にすませてしまうのがとても性に合っているのだ。

朝ほど体のなかにやる気や充実感が漲《みなぎ》っている時間帯はない。仕事はほとんど午後からなのだが、その仕事が良い状態でできるところまで自分を持っていき、万全の態勢で臨む。朝は自分の体にあるキーをグルッと回し、心と体のエンジンを素早く加熱していくイメージだ。

例えば、柔軟性などを高めるストレッチには、ダイナミックストレッチ（動的）とスタティックストレッチ（静的）がある。じつは、運動を始める前にスタティックストレッチをすると体はかえって神経の反応が鈍くなる。本来の運動能力が思うように発揮されない。その逆、つまりダイナミックストレッチは、動きのあるストレッチをすることでさらに柔軟性を向上させ、その後のトレーニングで使う筋肉群の協調性を高めるなど、より動的なストレッチになる。怪我のリスクも少なくなると聞いたことがある。

なので僕の意識では、運動前はダイナミックストレッチ、運動後はスタティックストレッチとなる。

朝起きて、僕はまずスティックタイプの青汁粉末をグラスに入れ、そこへ水を注ぎ、それを一気に飲み干す。ここから僕の一日が始まる。青汁はどうも、ご年配の方たちが飲むものというイメージが強かったのだが、薦められた青汁は飲みやすく、優れものだったようだ。農薬は一切使用しておらず、有機栽培し、大麦若葉をふんだんに使用しているという。生活習慣病の予防だ。効果は…。もともと僕は健康なので、自覚はないのだが、まあ、悪くならないということは効果がある証と信じている。それに、転ばぬ先の杖、だ。

次は免疫力を上げるために漢方薬を飲む。これは、友人の薬剤師が処方してくれている。

ひと息つきながら、血圧を測る。その数値をアプリに入力したら、ゴルフのシャドースイングを始める。僕の唯一の趣味といえるゴルフだからこそこれも欠かさない。室内用の短いクラブを握り、鏡に映る自分のスイングを見ながら細かくチェックする。

どうもここまでは年寄り臭い感じがしないわけではない。まあ、年齢的にはそうなのかもしれないが…。

次はウォーターバッグというトレーニング器具を使用して、体のコアを鍛える。ウォーターバッグという響きで想像できるように、長さ1メートルほどの円柱形のバッグのなかに水（僕は15キロに設定している）を入れたものだ。それを胸の前で持ち、右に勢いよく振り、そして止める。次に左へ振り、止める。しっかりと体の軸を作り、不規則な水の流れに体が持っていかれないよう全身の筋肉を使い、そして受け止める。体のキレを出し、パフォーマンス向上のために20回を3セット行う。

前夜にしっかりお風呂に入っているので、朝は汗を流す程度に軽くシャワーを浴びる。少量のパンをお腹に入れ、コーヒーを飲む。そして、出かける前までに吸入器を使って喉を加湿し、しっかりと声帯を潤《うるお》す。歌手である以上、必須の喉のケアだ。

朝の時間はとにかくバタバタする。だから、できれば前夜にあれこれ翌日の準備をしておくことが賢明だろう。ただ、僕は前夜に明日はどのような一日にしていこうかなどと考えることはない。7時間も休めばいくら前夜にイメージしようが眠っているあいだに見る夢のようなもので、起きたときには忘れてしまっている。だから、僕は朝起きたときに、その日はどのように過ごしたらいいかを短時間で思い描く。とはいえ、頭のなかで考えていても現実は様々なことが起こる。それを理解し、臨機応変にイメージしたことを変えていく。才覚も問われるだろうが、意外と楽しいものだ。

物事が起こるのはどうしてだろう…。なにかが起こるには、その前になにをしたかによる、のではないだろうか。

つまり、その日の朝を作るのは、じつは前夜の過ごし方だと僕は思っている。この考えから、できるだけ早くベッドに入り、休むことを心がけている。睡眠がすべてと思っているからだ。飲み過ぎれば朝の目覚めは悪いし、頭も痛いはずだ。

なにかが上手くいくのも、日々練習してきたからこそ。だからこそ目先のことだけを考えるのではなく、それよりずっと先にあるもの、単調なことでもしっかりと怠らず続けることが賢明なのではと思う。

自身のことでいえば、体のキレを出すためには、どう体を動かすかではなく、まずキレのいい体を作り上げること。そのためには、毎日の地味とも思える積み重ねしかないのだろう。

果たして、ウォーターバッグを使ってのトレーニングの効果はどうなのだろう…。
その効果のほどを楽しみに、振り続けたいものだ。

28　食事は腹七分目

前回は朝の過ごし方について書いたので、今回は夜の過ごし方について書いてみようと思う。

基本的に僕は早起きで、日の出と共に活動し始めるのが性に合っていて、〝農業時間帯〟で生活する体になっていると書いた。当然、その時間帯で考えれば、夜も日の入りを目安に活動を終えていくという感覚だ。しかし、仕事柄そうもいかない。なので、そこは臨機応変に対応するしかない。とはいえ、できるだけ早い時間にベッドに入るのを心がけるのが僕の夜の過ごし方であり、考え方だ。

僕は、ディナーはできるだけ早い時間に終わらせたい。先日、コンサートの移動日に、「今夜のディナーは、4時からにしようか？」といってスタッフに失笑された…。早すぎてまだレストランが開いてない時間だった。

ディナーは可能であれば5時から始めたい。遅くても6時、どうしようもない場合は7時から、そして、しょうがなく（百歩譲ってだが）9時から、だ。

コンサートなどは終演時間が遅いので、ディナーの始まりがどうしても9時ごろになってしまう。それか、夜の食事はスキップするかだ…。つまり、なにも食べない。この、ディナーのスキップ、なんとか僕に食べさせたいと思っている人間を説得するのはなかなか難しい。周りはこれ以上僕に痩せてほしくないと願っているからだ。ただ、僕も痩せたくてスキップするのではなく、夜のこの時間から食べることは、体に良くないのではという思いがあるのだ。なので、食べたとしても腹六分目から七分目を心がけている。

とにかく、ディナーを早い時間にすませることで、食べ終わってからベッドで横になるまでの時間をできるだけ空けたい。ディナーが終わってから休むまで、最低でも2時間、できれば4時間は空けたい。食べたものの消化が終わってから眠りたいのだ。

食後はサプリなどを飲み、歯磨きを終え、お風呂に入り、パソコンでひと仕事し、吸入器で喉を潤して、ベッドへ行く。そして本を読んでいるうちに眠気を覚える。このプロセスが僕には定着しているし、なんというか、心地よいのだ。

　人の体のなかには、サーチュイン遺伝子というものがある。簡単にいえば、老化を防ぐ遺伝子だ。体内の細胞内にある、壊れたり傷ついたりした遺伝子を修復するというもので、この遺伝子がオン状態になると老化を食い止め、寿命を延ばすともいわれている。サーチュイン遺伝子は、空腹時にこそよく働くといわれている。

　とはいえ、〝空腹の状態が体に良い〟といっても、なかなかピンとこないかもしれない。しかし、空腹で若返ることは実証済みだそうで、猿を使っての動物実験でも、その違いは明らかだったようだ。当然、前の餌《えさ》から次の餌を与えるまでの時間を長くしたほうの猿の動きが良く、顔つきも断然若々しい。同じ年齢の２匹の猿でも、見た目も敏捷性《びんしょうせい》も、20歳ぐらいの違いが見られたそうだ。明らかに空腹時に何らかの働きがあり、それがその猿を若返らせたことは間違いない。

　サーチュイン遺伝子を活発化させるには、食事と食事の間隔を12時間は空けたほうがいいらしい。こうなってくると、〝一日３食を規則正しく摂る〟という神話は崩れる。サーチュイン遺伝子を盛んに働かせるには、眠っているあいだがもっとも実行しやすいのではないだろうか。これならなんとか12時間を空けられる気がする。つまり、夜の9時に食事を終えたら、翌朝は9時までなにも食べない。空腹や喉の渇きを覚えたら、水を飲む。朝7時に食事を摂りたいなら、前日の夜7時までには食事を終えるということだ。

僕は水で食欲を抑制できる体になっている。これはサーチュイン遺伝子のことを知らずに普段から実行していたことで、その話を聞いたときに妙に納得した。そして、食事の量を制限するというのも、その遺伝子の働きを良くするようだ。僕は普段から、〝腹七分目〟と思っていたが、できれば〝腹六分目〟辺りがいいといわれる。ということは、器をあえて小さくするとか、時間をかけて食べるようにするとか、やり方はいろいろ考えられるはずだ。

〝食事は量より質〟といわれる。たくさん食べて満足する体から、腹六分目から腹七分目に抑え、その分、質の良い食事を心がけることで、充足感を覚える体に作り替えていったほうが賢明ということだろう。結局、口から入ったものが僕たちの体を作り上げているのだから。

とはいえ、このサーチュイン遺伝子はまだ研究段階で、すべてが解明されたわけではなく、肯定派もいれば、否定派もいる。どちらを判断するかはその人次第ということだろう。僕のように肯定派と思しき人間には、細胞レベルでエイジングの原因に働きかけるので、最強のアンチエイジングになるように思えるのだが…。

ただ、一ついえることは、長い年月をかけて、僕たちの体が形成されるのであれば、たった1回の食事や欲求が、じつは壮大なものへの小さな一歩ではないか、と僕は思う。ごくわずかなものでも、その小さなものがなければ高大な山には変化しない。肉体も、知識も、癖も、すべては長い年月をかけて築かれる。ならば、たかがこの1回と思わず、この貴重な1回という意識に変え、それを続けていくしかないのだろう。

僕はその意識を持ち続けたいと思っている。人間的にも、肉体的にもまだまだ足りないところは多々あるが、その思いを持ち続けることだけが、自身をわずかでも前進させているのではないか。人にとやかくいわれようが、自身を信じて、目の前の欲求につい心を乱されかけても、それを最後にはなんとか笑ってやり過ごす、そういう自分を持っていたいものだ。

29 瞑想《めいそう》が脳を活性化させる

数か月前に、『驚異のブレインストレッチ　仕事のできる人は必ず「瞑想」している！』という本を読んだ。なぜこの本を手にしたかというと、僕は瞑想に興味があり、それに関しての本を探していたからだ。

ブレインストレッチという言葉自体、著者の本田ゆみさんが作った言葉だという。彼女は脳を4タイプに分け、人は基本的にこのどれかに当てはまると分析している。僕はこの本のなかでは、自分は右脳3次元タイプなのでは、と思った。このタイプは、空間というあらゆる広がりを持つ世界を把握し、そのなかでもっとも関心のあることに対応しようとする脳の使い方が特徴であり、新奇性を求め、同じことの繰り返しには耐えられない人らしい。そして、次々に話題が飛躍する傾向があるという。

「いえている。完全に的を射ている…」

やっぱり瞑想だ。自分を知り、それに対処するためにも、僕には瞑想が必要だと再認識した。

瞑想とは、目を閉じて無心になることであり、深く静かに呼吸することで日常から離れ、心身に静寂をもたらすことだ。ただ、いくら目を閉じても、あれこれと雑念が頭をよぎり、なかなか心を無にすることは難しいのではないだろうか。

思考は次々に僕たちの脳に現れては消える。しかし、最初は誰でもそうであるが、回数を重ねるうちに集中できるようになるという。

運動と呼吸が切っても切り離せないものであるように、瞑想も呼吸がとても大切だ。ただ一つだけ、運動と瞑想の違いは、その呼吸の仕方にある。運動は鼻から息を吸い、口から息を吐く。しかし、瞑想は鼻から息を軽く吸い、再び鼻から息を吐くのだ。そして、吸うときよりできるだけゆっくりと、つまり長く息を吐くことが望ましく、この呼吸を数分間続けて行い、それから同じ時間をかけて、普段どおりの自然な呼吸に切り替えていく。こうすれば、副交感神経が交感神経より優位になり、心が落ち着いてきて、いわゆる〝瞑想状態〟に入ることができるらしい。

ただ、呼吸の効果に関していえば、鼻から吸った息を口から吐こうが、鼻から吐こうが変わらないのだが。

　これは僕が眠る前に行っていることだが、仰向けでストレッチポールに頭からお尻まで乗せ、両手は45度ぐらいに広げ、だらっと下に下ろす。手のひらを上向きにすることで腕に力が入りにくくなり、よりリラックスできる。そして、両脚はやや広げ、伸ばしてもいいいし、蛙のようにO脚に広げてもいい。あるいは、膝を立てて体を安定させてもいい。これを寝る前の5分間ほど行うと、重力で自然に胸郭《きょうかく》が広がる。胸郭や横隔膜が広がることで、筋肉が正常な位置に戻り、睡眠が深くなる。

　寝苦しさの原因は、暑さ、アルコールによる脱水症状、あるいは筋肉が縮んだままになっていることが多い。僕たちは日常的にパソコンやスマホを使い、知らず知らずに前屈みになり、猫背になってしまっている。それを夜にリセットし、縮んだ筋肉を正しい状態へ戻すことが必要なのだ。

　就寝前のストレッチポールは非常に効果的で、質の高い睡眠を手に入れられる。ただし、ここで重要なのが、それに乗ってリラックスしているあいだにスマホをいじらない、本を読まない、新聞も読まないことだ。つまり、ただ、ボーッとすることが大切で、静かに休んでいるだけでいいのだ。もしかして、これが瞑想と同じ状態になるのかもしれない。座禅など組まなくても、静かに目を閉じ、ゆっくりと呼吸することで瞑想状態に入れるのではないだろうか。ストレッチポールを使おうが、あるいは、どんな姿勢であれ穏やかな時間を過ごし、深い空想の世界に身を置くことで心に安らぎが訪れる。

僕はステージに立つ機会が年間におよそ100回ある。3日に1回弱はステージに立っている計算だ。ショーなどが始まる前には楽屋でストレッチをし、できるだけ心を落ち着かせるため、瞑想をヨガマット上で行うことを心がける。こうすることでパフォーマンスが向上し、自分自身をコントロールできることを確認する。「コントロール」、つまり、制御である。どんな状況であれ、歌も、動きも、ショーの流れも、つねに自分がイニシアチブをとりパフォーマンスにつなげる。それには、始まる前に瞑想や深呼吸で心を落ち着かせ、自分自身の心の位置を知ることが、僕は望ましいと思っている。

10代の人たちが卓球、将棋、ゴルフなどで活躍している姿を見るたびに、体の大きさや経験で大人には勝てなくても、脳を鍛えることですばらしい成績を残すことができるのだなと思う。

顕著な例が、14歳でのプロデビューから29連勝というとてつもない公式戦記録を作った将棋の藤井聡太四段（2017年当時）だ。彼は、将棋ソフトを活用して腕を磨いたという。

つまり、脳は鍛えれば鍛えるほど、潜在的な能力が活性化されるということだ。脳を活性化させるにはどうしたらいいか。その一つの方法が瞑想なのかもしれないと僕は思っている。

瞑想により、なにを行うかがしっかり見えるようになり、パフォーマンスも格段と向上するのではないだろうか。

人間は本来持っている脳の機能の25％しか活用していない、ということを聞く。そして、残りの75％は瞑想で活性化できることが研究者によって明らかになってきたようだ。なにもせずにボーッとすることも大切で、ある意味、これがもっとも有効な時間の活用方法ともいわれている。

空いた時間になんとなくスマホを見る癖をやめ、なにも考えずにいる時間を持つか、瞑想の時間に充ててみてはどうだろうか。目をつぶり、ゆっくりと深呼吸を繰り返すうちに心が穏やかになったり、現実より奥行きのある世界が見えたりするかもしれない。それは、僕だけではないと思うが…。

30　失敗を恐れない

先日（2017年8月）、『24時間テレビ40　告白〜勇気を出して伝えよう〜』という番組でフィギュアスケーターの羽生結弦くんと共演した。じつは、3年ほど前に『ファンタジー・オン・アイス2014 in 幕張』というアイスショーで彼とはご一緒していたので、今回お会いするのをとても楽しみにしていた。

3年前のアイスショーでは僕の歌に乗せて、羽生くんを始め、髙橋大輔さん、織田信成さん、安藤美姫さん、鈴木明子さんなど、国内外総勢20名以上のフィギュアスケーターたちがそれぞれの演技をしていくという、フィギュアスケートファンにとってはたまらない企画であった。

僕は、24時間テレビの番組出演のため、コンサートツアーの合間に東京へ戻った。ツアーの真っ最中でありながら、それに出演することをお受けしたのは羽生くんとのコラボレーションということ、そして、小児ぜんそくを抱えた池葉宙《いけばそら》くんという少年が、3年前の『ファンタジー・オン・アイス2014 in 幕張』で羽生くんのスケートを見て、自分もスケートを始めたことに胸を打たれ、また、病気に負けず頑張ろう、という彼の姿と番組の趣旨に僕も賛同したからだ。

今回、24時間テレビをご覧になっていた方たちのほとんどが、じつは羽生くんもぜんそく持ちであったことを初めて知ったのではないだろうか。僕はそうだった。それまで彼がぜんそくを患っていたことなどつゆほども知らなかった。

僕は、羽生くんがスケートしている姿を初めてテレビで見たときのことを思い出した。それは、もう何年も前だった。幼いながらも妖艶《ようえん》で、表情、手の先まで神経が行き届いたすばらしい演技に感動したが、滑り終わり、片膝をついて肩で大きく息をする彼を見て、「可哀相に…。まだ彼には充分な体力が備わっていないのだろうな」と勝手に思っていたのだ。いま思えば、彼はぜんそくと向き合いながら、自身の滑りとも戦っていたのだ。

そして、来年（2018年）2月にピョンチャンで開催予定の冬季オリンピック前の大事な時期に、彼が出演を快諾したのも、自分と同じ境遇の少年が3年前の羽生くんを見て、そこからスケートを始めたといういきさつがあったからだろう。

本番当日。

リハーサルが始まった。僕も軽く歌を歌いながら、音量や自身の声の調子を探る。同じように、羽生くんも本番に向けて気持ちを高めていく。ランスルーという本番さながらの最終リハーサルでは、彼はジャンプを何度か失敗していた。僕はこれも調整のうちと思って歌いながら見ていた。とはいえ、僕は出演者でありながら、彼の演技に引き込まれていった。本番で歌いながら彼の演技を見れば、その技の出来不出来に心のなかで一喜一憂し、歌を左右される自分がいることになるだろう。僕は本番では、羽生くんの演技を〝見ているようで見ない〟ことに決めた。それしか僕が歌に集中できる方法はない、と思ったのだ。

そして、いよいよ本番。

すでにスケートリンク上に設けられたステージに僕はスタンバイしていた。羽生くんがリンクに上がり、軽く滑りながら精神を集中しているのがわかる。そして、彼がリンク中央にスタンバイする。

静寂……。

『言えないよ』という、僕の歌のイントロが静かに流れ始めた。彼が優雅に舞い始め、その場でしか味わえない空気感に包まれる。なんでもないスケートリンクが、彼が滑り出すと、まるで息を吹き返し始めた生き物のようになった。いつしか、とてつもなく豪華なスケートリンクへと変貌していった。

スピードを上げて力強くジャンプするとき、スケーティングの音が大きな滝の轟音のように聞こえてきた。すさまじい音だった。この音は、同じリンク内にいる人間にしか聞こえないのかもしれない。ということは、普段リンクの周囲で見ている観客には聞こえていないのだろう。

彼は完璧とも思える演技で滑り続ける。トリプルアクセル、イナバウアー、そして難度の高い4回転トウループ。ミスなど一つもなく、すべて完璧な演技で終わった。僕の目の前でスケーティングする羽生くんは、華奢《きゃしゃ》な少年から逞《たく》しい青年へと成長していた。しかし、始まる前に僕の楽屋に挨拶にみえた彼のあの初々しさ、礼儀正しさ、そして謙虚さは、初めて会った3年前となに一つ変わっていなかった。

なぜあれほどまでに難度の高いジャンプなどを入れていったのか…。失敗を恐れず、ダイナミックで、高度な演技を宙くんに見せたかったと彼はいう。そうすることで、少年に少しでも刺激を与えられればと思ったからと。自身も、小さいころに難しい演技を見て、それに鼓舞されたからと話していた。

「転ぶことは恐いことではない」

これは、羽生くんが自身でいっていた。そうなのだ。リハーサルではどんなに失敗しようが、気持ちを切り替えて次に進むことが肝心なのだ。僕は彼の演技をリハーサルから本番まで見ていて、その気持ちを持つことの大切さを知った。

けれども、それは誰でも、なにに対しても同じなのではないだろうか。人生を生きていくうえでうまくいかず自信を喪失したり、挫折したりすることはある。でも、その気持ちを引きずり続けてはならない。それがもっとも大事なのではと思う。

よく、気持ちの切り替えが必要というが、まさにそのとおりだ。自信をなくすこともあるだろう、うまくいかずに心が折れるときもあるだろう、思わぬところで失敗して落胆することもあるだろう。こういった感情を持つことはしょうがない。しかし、このような気持ちを持ち続けてはならない。それがなによりも大切なことなのではないだろうか。

それを僕はこの日、羽生くんから教わった気がする。

31　友達はかけがえのない存在

僕が初めてジャニーズ事務所の合宿所を訪れたのは、1971年の春だった。

僕はそれからすぐにテレビや雑誌、そしてステージなどに出始めた。当時はまだ郷ひろみという芸名はなく、本名の〝ひろみ〟だけだった。そして、傍らにはいつもジャニー喜多川さんがいてくれた。僕にとってその存在は、師であり、芸能界の生みの親でもあった。なので、ジャニーさんのいうことはすべて僕には正しく、教わることの一つひとつが確実に僕の脳にインプットされていった。

「ひろみには、この世界での友達は必要ないよ。だから、他の歌手と仲良くしないでいいから」

ジャニーさんからこういわれたのは、合宿所を初めて訪れた日から数か月ほどしか経っていなかったころの気がする。そこには、これから始まる新たなこの世界のことだけを考えていくこと、自身を高めることだけに意識を集中しなさい、というジャニーさんの願いが込められていたのかもしれない。
ただ、そのときのその言葉はある意味僕には衝撃的だった。そうなんだ、この世界では友達はいらないんだ…。

その教えどおり、番組で同じ年代の歌手の人たちに会おうが、僕は心の距離を縮めることはしなかった。つまり、自分から話しかけることなど、まずなかった。きっとみんなは僕のその態度に隔たりを感じていたのではないだろうか。あるいは、どうも小生意気な奴だと思われていたのかもしれない。ただ、当時の僕にとっては、ジャニーさんの教えを守ることが大切なこと、ひいてはこの世界での自分自身の成長のためでもある、と思っていた。

しかし、残念なことに僕は3年間ほどしかジャニーズ事務所には所属していなかった。そのあいだにジャニーさんからはたくさんのことを教わった。その教えは、いまでも僕のなかに脈々と流れている。

とはいえ、ひろみに友達はいらないという教えには、後に僕は小首をかしげることになる。


芸能界という世界で、友達と呼べる人を見つけることは難しいのでは、と耳にすることがある。いわれてみればそうなのかもしれない。なおかつソロシンガーである僕には、それこそ川のなかに立ち、手で小魚をすくい取るように、信頼の置ける人間を得ることはとても難しいのかもしれない。

けれども、僕はいつしか友達というかけがえのない存在の重要性を感じ始める。おそらく、30歳を越えてからではなかったかと思う。なぜそのように思い始めたのかは正確には覚えていない。〝人生の分かれ道を迎える30代〟といわれるその年代になったとき、本当の友達を持ったことのない寂しさを味わったのかもしれない。あるいは、結婚という人生においての大きな選択と同じように、友達を持つことが大切なことと思い至ったのかもしれない。

水が上から下に流れる自然の摂理のように、僕はいつしか友達という存在の重要さをごく自然に知ることになる。

いまから数年前、僕の友達の母親が亡くなった。その訃報を僕は彼から電話で聞いた。受話器から伝わる彼の声。僕の耳元で彼は泣いていた。僕は自身の涙声を必死で隠そうとこらえた。でも、彼の泣き声を聞けば聞くほど、僕は涙が止まらなかった。僕はすべての予定をキャンセルして、彼の母親の通夜に向かった。徳島空港から車で40、50分ほど走ったと思う。僕は葬儀場で眠る彼の母親に手を合わせた。彼とは多くを語らなかったが、それでも僕には彼がなにをいおうとしているのか、手に取るようにわかった。言葉はいらなかった。

友達とはなんだろう、そしてなぜ必要なのだろう。その定義は人によって異なるのかもしれない。

その人のために涙し、その人のために時間を作り、その人のためだからこそ、すべてを包み隠さず話すことができる存在、それが友達なのかもしれない。あるいは、ときには心から笑い合えることのできる関係なのかもしれない。普通の間柄であればそこで終わるような他愛もない話が、友達だと終わらない。なんでもないことで笑いが止まらなくなる。その笑い合える関係がお互いの心を豊かにし、気持ちを満たしてくれるのではないだろうか。

そして、一緒にいないと、なにかが足りない気持ちになる。仕事で忙しくしていてなかなか会う時間がないとき、なにかが欠けている、なにかが足りないという感覚を心のどこかで覚える。まるで、ジグソーパズルのワンピースがどこかへ行ってしまったように、部屋の隅々まで探し、見つけ出すまで物足りなさを感じる。だからこそ、たまに会って食事をし、くだらない話を延々と語り合うことで満足する。その時間が自分を軌道修正し、健全な体にしてくれるのではないだろうか。そのためなら自身ができることはなんでもその人のためにしてあげたい、そういう気持ちにさせるのが友達なのかもしれない。

40代が最後の人格形成期という。ということは、50代からはそのできあがった人格で人を惹きつけていったり、それまでに作った人間関係を円熟させたりしていくのではないか。だから、友達もそれまでに作り、その関係を密度の高いものにしていくことが賢明と思う。

そして、ある意味親よりも兄弟よりも信頼できるのが友達ではないだろうか。あるいはそのような感情が親兄弟と同等であっても、血のつながりのまったくない人間にそこまで心を開くことができ、信頼を寄せられる結びつき自体が希有であり、それが友達であると思うのだ。

ある哲学者がいっていた。「真の友情より尊いものは、この地球上には存在しない」と。

32 良いことの裏には悪いことがある

僕の歌に、『よろしく哀愁』という曲がある。この曲をリリースしたのは1974年、いまからおよそ43年前だ。今年（2017年）の全国コンサートツアーでもその曲を歌った。ただ、オリジナルよりテンポを落としたスローバージョンにし、アレンジもとてもシンプルな形のものにした。そうすることでより歌詞の素晴らしさや、メロディーの美しさをオーディエンスに伝えたかったからだ。

43年も前の曲が、違和感なくいまでも歌えるのは、それだけ楽曲が卓抜しているからだと思う。しかも、アレンジで変幻自在、思うままに姿を変えていくことができるのは、名曲だからなんだなと思わざるを得ない。

僕がキャリアをスタートした1971年から今日に至るまで、音楽は、まるで飛行機が方向転換するように緩やかに、そして大きく変わった。テクノロジーや医学などの進化はいわずもがな、その恩恵を受けて、僕たちを取り巻く環境も日々刻々と変化している。じつは、今年のコンサートツアーでも、そのテクノロジーの進化に僕たちは大いに恩恵を受けた。大きなセットを形作る一つひとつの小さな電球。そこから発せられる美しい光が、一瞬で見事な映像へと変化したり、レーザー光線が単一的なものではなく、複合的なものへと移り変わったり。おそらく、1年後にはさらに進化したライティング機器や、映像、音響システムなどが現れているのだろうが。

テクノロジーなどの進化に便益を受けている人たちが大勢いる反面、そのような劇的な変わりように順応できない人や、苦手という人たちもたくさんいることは間違いないはずだ。

新聞などを読む限りでは、将来、車はガソリン車ではなく、電気自動車（ＥＶ）や水素を利用した燃料電池自動車（ＦＣＶ）がもっと普及し、すべての車がそれらに移行されているだろうと推測できる。ただ、ほとんど音を発せずに近づいてくる次世代車に歩行者はどのように気づき、どう対処すればいいのか。日中でも、車の接近を光で歩行者に知らせてくれるかもしれないし、車の近くにいる人にしか感じられないものを発する装置などが発明されるかもしれない。あるいは、ゴルフ場の自動運転カートのように、鈴かなにかが車に取り付けられるという、とても原始的なものかもしれない。

想像は尽きない…、というか、おそらく僕の想像をはるかに超えたものが創り出されるだろう。それに、そういった電気自動車や水素自動車よりも前に、自動運転車が当たり前のように広がり、街のあちこちでいままで見たこともないような光景を僕たちは目にする気がする。

こう考えると、利便性を得ることによって失われるものとはなんだろう…。

もちろん、ありとあらゆるものが便利になり、時間や手間を短縮できるのだから、あれこれ文句や愚痴をいうつもりはない。ただ、便利になった分、必ずその弊害はあるはずだ。なので、その使い方が使い手に要求されるのではと思う。

しかし、進化するものに頼らず、その見返りとして脳の働きや体の動きを発達させることを考えて僕たちは行動しているだろうか？　僕はまったくそんなことを考えていない。本能的に進化していくものを受け入れる、あるいは動物的に拒絶していく。

なんというか、それが勝手に僕のなかで行われている感覚だ。

いまから43年前に出合ったタイプライターに、これは書く能力を退化させるとか、洗面台の蛇口《じゃぐち》が十字式の回すものからレバーだけのものになったときに、指を捻らないことは脳の活性化を妨げるとか、カーナビゲーションシステムが出始めたときに、それまでずっと使っていた地図をたたみ、ナビを使うと記憶力が低下するなどと感じただろうか…。僕の答えはすべてノーだ。

テレビやスマートフォン、そしてパソコンといった電子機器を使うことはけっして悪いことではなく、その使い方の程度の問題なのではないだろうか。就寝前にスマホをベッドでいじったり、テレビを見たりするのは良くないと聞いたことがあるはずだ。あれは、交感神経が副交感神経より優位になってしまったままなので、眠る態勢に脳がついていかないからだという。つまり、僕たちの体は、まず眠る態勢を整えることが望ましいのだ。

夜は眠るためにある。だからこそ、その準備を整えることが大切なのではと思う。部屋を暗くすることも必要だし、静かな音楽に切り替えることが心を落ち着かせることになるのかもしれない。あるいは、大きく何度か深呼吸を行うことがそうなのかもしれない。

ジャンプをする前に膝を曲げて、垂直に高く跳ぶ姿勢を取るのと同じように、朝からよく活動するためには夜は確実に眠る、その状態を作ることが体には大事だと思うのだ。

利便性がもたらす理不尽さ…。

世のなかが便利になると、とても生活しやすい。ただ、反面教師という言葉があるように、自身のなかで戒めることも必要だと思う。つまり、良いことがあれば、必ずその逆がある。それをわかった上で利用することが大切なのではないだろうか。それをどのように生かすか、その使い方が求められているはずだ。

僕たちは進化し続ける車や、テレビ、スマートフォンという非常に優れたものに取り囲まれている。そして、その利便性がもたらす恩恵を当然のように享受している。しかし、スピードが速くなり、時間が短縮された分、当然時間に余裕ができるわけだから、そのわずかなひとときをパソコンやスマホだけにではなく、きれいな空気を吸いに行ったり、散歩したり、と自然を相手に緩い時間を過ごすことに充てる、それも必要なのではないだろうか。

もしかしてそれが、利便性がもたらす理不尽さという感覚を解消する一助になるのかもしれないし、そういったことが僕たちに求められているのかもしれない。

33　普通でいられることに感謝する

２０１７年10月中旬。

日本列島全体に秋雨前線に伴う大きな雨雲が広がるなか、台風21号の接近によりさらに天気が崩れていた。が、なぜかその日だけは前線に切れ目が生まれ、秋晴れの好天になった。

僕は渋滞を避けるため、以前住んでいた渋谷の路地を抜け、トレーニングのためにトレーナーのところへ向かっていた。

その日は、僕の誕生日だった。福岡県糟屋郡須恵町旅石《かすやぐんすえまちたびいし》、というところにある母の実家で産声をあげた。しかし、僕は三島由紀夫の『仮面の告白』という小説に出てくる主人公のような天才ではなかったので、自分が母親から生まれて産湯を使わされた際、「(盥《たらい》の)木肌がまばゆく、黄金《きん》でできているようにみえた…」などといった、その瞬間の記憶は当然ない。そして、その後も昭和30年代を象徴するように、ある意味野放しで、普通の男の子を絵に描いたように育った。とはいえ初孫ということもあり、親戚一同からたくさんの愛情を注がれて育てられた。

そんなことを誕生日にふと思いつつ、僕は車の後部シートに心地よく揺られながら、自身の記憶から、何気なく窓外《そうがい》の現実の景色に目をやった。

やけに重い足取りで、路地を右から左に横切る男性が、車中の僕の目に留まった。髪の毛は全体的に白く、両手にゴミ袋のようなものを持っていた。歩幅も狭く、背中もわずかばかり丸みを帯びているようで、背骨のS字が崩れていた。とはいえ、年齢的には60代と思える顔つきだ。もしかして、僕と同年代だろうか。

人はなぜ、年齢を重ねるにつれて、ちょこちょこ歩くようになってしまうんだろう。歩幅が狭くなるのには、いくつかの理由が考えられる。

まずは年齢による筋力低下だ。

当然年齢と反比例して筋力は弱くなる。若いころより運動量が落ちたり、ホルモンの低下でだ。じつは体の活動が下がることにより、筋肉の萎縮で筋力低下が起こり、早歩きや大股歩きができなくなる。

次に平衡性やバランス能力の低下によるものがある。僕たちは体の位置や動きなどを感じ、適切に反応し、姿勢を整えることができる。たとえば、階段を上がる、平坦ではないところを歩く、スキーをしたり、スケートをしたり、乗馬などもそうだろう。ところが、年齢が上がれば体が反応することが難しくなり、姿勢を整えることが困難になるのだ。

三半規管などの機能の低下もある。雨で路面が濡れていたり、雪が積もっていたりといった悪条件のところを歩く際に、それを視覚で察知することができるが、そういう状況に対する反応能力が落ちるということだ。

そして、柔軟性の衰退によるものもある。体が硬いと、じつは歩行に支障がある。自分が思うように歩けないとか、この速度で歩きたいという意思とは違うことが起こるのも、そういったことが理由だ。

よく、子どもの運動会に参加して、お父さんの足がもつれて転んでしまったり、走っている最中に足が痙攣《けいれん》を起こし、その場でしゃがみ込んでしまったりという話を聞くが、これは当たり前といえば当たり前のことなのだ。もちろん、事前の走り込みなどでそれを回避することもできるのかもしれないが、いきなり全力疾走などというのは、かなり無謀かもしれない。気持ちは若いころのままであるが、自身の体が変化してきていることを認識していないとそのようなことが起こっても当然なのだ。

さて、その柔軟性だが、僕たちの体は体重の半分以上が水分でできていると聞いたことがあるはずだ。

母親のお腹のなかにいるときは、羊水に浸かっているわけだから、体重の約90%が水分だ。新生児で約75%、子どもで約70%、成人では約60%、50歳以上ではおよそ50%といわれている。このように羅列《られつ》してわかるように、成長するにしたがって水分の量が少なくなっていくのは、年齢とともに体に脂肪がついていき、その分、水分の割合が少なくなっていくからともいわれている。老人になっていけば、筋肉量が減るため、水分量もさらに減るということになる。体のなかの水分量が減少すれば、体が硬くなる。年齢が上がることで柔軟性が低下してくること、これは当然のことなのだ。

最後に避けがたいものとして、脳の障害が原因での歩行困難が考えられる。脳溢血《のういっけつ》や脳梗塞の後遺症によるものなどだ。

こういったことから、歩幅が狭くなるのは、視野が狭まり、大股で歩くことができなくなることが考えられる。もちろんこれを予防することはできるのかもしれない。たとえば、定期的に人間ドックや、脳ドックを受けるとか、禁酒する、あるいは、毎晩の飲酒を控えることでリスクを回避できるように思える。

そして、運動不足を改善することで、リスクを解消することは可能だろう。エレベーターやエスカレーターを使わず、あえて階段の上り下りをすることで、筋力も、歩幅や高低の感覚もアップさせ、目と体の協応を養うことができるはずだ。

誕生日の迎え方は人それぞれだろう。ただ、僕は誕生日が来ることが当たり前だと思わないことが大切だと思う。誕生日を迎えられることに感謝し、健康でいられることに感謝の気持ちを持つことが大事、それが僕の誕生日の迎え方なのだ。

「僕はなんて不幸なんだろ…」

と思えば、幸運は遠ざかる。

「僕はなんて幸運なんだろ…」

と思えば、不平や不満もなくなる。なんて幸運なんだろう、ほんのわずかな不運にしか出会わずにすんだのだから、と僕は思うことにしているのだ。

体を自由に動かせることに喜びを感じ、普通に歩けていることに感謝の気持ちを抱く。

それが自身の誕生日に、感じたことだった。

34　好きなことをやめてみる

僕がお酒をやめて、この（２０１７年）４月で丸５年になる。当初は２、３年ほどやめてみようかな、と漠然と思っていた気がする。

以前にも書いたが、僕がお酒をやめたのは健康のためとか、粗相《そそう》をしたということではなく、単純に思いつきからだった。50代のころ、自身の60代をこれまでの人生のなかで最高に充実した10年間にしたい、そうするにはどうしたらいいか、と考えていた。ただ漠然と60歳を迎えるだけでなく、そのためになにか新たにできることはないだろうかと模索しているうち、「いや、待てよ。好きなことをやめてみるのも、新たなことを始めるのに匹敵するぐらい価値があることかも」と思った。

そして、一番好きなお酒をスパッとやめた。次の誕生日からとか、切り良く新年を迎えてからなどと未練たらしいこともなかった。自身の黎明《れいめい》期を、絶対にこれから迎えるのだと強く心に誓っていたので、お酒をやめるということに躊躇はなかった。

とはいえ、いまでもワインを購入していて、僕のワインセラーには、1000本ほどのワインが眠っている。それが未練かどうかはわからないが、この先何年後かにまた飲むときが来たらと楽しみにしながら、オーダーしている自分がいる。まあ、それを人は未練というのかもしれないが。ただ、購入している僕に未練があったとしても、僕自身それで自責の念に駆られることはない。つまり、お酒を飲もうがこのままやめようが、いまはどちらでもいいかな、というのが本当の僕の気持ちだ。

僕の周りには、レストランや本を薦めてくれる人たちと同様に、ワインに関する情報を提供してくれる人も多い。「これが抜群に美味しいですよ！」と、いまでも薦めてくれる。それに、僕も気になるワインは自身で調べることもある。

基本的に僕が好むワインは、ボルドーのメドック地区ポイヤック村のもので、有名なものでは、Château Latour（シャトー・ラトゥール）がメドック格付け第一級として知られている。

また、僕がお酒を飲まなくなってから手に入れたものの一つで、カリフォルニアの

VÉRITÉ（ヴェリテ）というワインがある。このワインのLa Muse（ラ・ミューズ）はポムロール系、La Joie（ラ・ジョワ）はメドック系、Le Désir（ル・デジール）はサン・テミリオン系である。造り手はピエール・セランで、２００７年にはこの3つすべてがパーカーポイント（※）１００点を獲得している、驚異的なワインだ。もちろん飲んでいないが、まちがいなくいつか僕を満足させてくれるはずと確信しているし、その日を心待ちにしている。

ワインには時を重ねてしっかりと熟成されていくという特徴がある。もちろん、それは熟成していけるだけの力を持った葡萄《ぶどう》という条件もあるが。

僕がワインと出会ったのは30歳を過ぎたころだった。それまでは、とてもお酒に弱かった。なので、自らお酒を飲むようなことはなかった。ワインを1本頼むにしても、そのボトルを4人で空けられるだろうか、などと思っていたくらいだ。それほど弱かったのだ。

僕がワインに魅了されていったのは、あるフレンチレストランのシェフとの出会いだった。彼からワインの手ほどきを受けた。ワインの持つ深み、味わい、コク、そのとき味わったのは、とても一般的なことだった気がする。ただ、その表面の下に隠されたある種、気品のようなものや、ワインそれぞれが持つ香りという華やぎを勝手に感じていった。そして、いつしか僕はその美味しさに引き込まれていった。飲めば飲むほど、知れば知るほど、ワインに惹きつけられていった。

ワインに興味を持ち始めたころ、僕はワインしか飲まなかった記憶がある。どんなレストランへ行こうが、なにを食べようが、すべての料理にワインだった。料理に合わせて白、赤、ロゼ、そして食後はポートワイン、こともあろうに貴腐《きふ》ワインまで飲んでいた。まあ、これをひと言でいえば、バカの一つ覚えだったのだろう。

では、ワインとはいったいなんだろう。なぜワインに魅了されていく人がいるのだろう。僕たちはいつのまにか良い悪い、高い安い、美味しいマズい、と年齢や経験などでそういった判断ができるようになっていく。興味があればその範囲が広がり、僕の場合そこへワインが加わってきただけのことかもしれない。というのは、いくら年齢を重ね、経験が豊かになっても、ワインに興味を持たない人はごまんといるからだ。

だから、ワインが好きな人はただの酒好きではなく、ワインというものにこだわりを持ち、ワインの変化に興味を抱くのかもしれない。

ご存じな方も多いはずだが、醸造酒、蒸留酒など、お酒にもいろいろある。醸造酒にはビール、清酒、ワインなどがあり、蒸留酒にはウイスキー、ウォッカ、焼酎、ブランデーなどがある。基本的に醸造酒は蒸留酒よりはアルコール度数が低い。

「葡萄を放置しておけば、そのままワインになる」といわれるくらい、じつはワインはどのお酒よりも歴史が古いといわれている。つまり、ワインは葡萄そのものがお酒に変化した自然のものだ。条件さえ整えば自然に発酵してワインになるということだ。

それにワインは仕込み水（お酒を造る上で必要な水）を一切加えず、収穫された葡萄だけが変化していくので、その原料である葡萄の出来具合がとても重要になる。

葡萄がワインになっていく。なんという自然の恵みなのだろう…。思わず感嘆がもれるほどだ。

僕の周りのスタッフや友人たちは異口同音にいう。「ひろみさん、もうお酒を再開しましょう！」と。

僕の断酒。そろそろ終わりに近づいているのかもしれない。いや、まだまだ続くのかもしれない。それは、僕にもわからない…。

※ワイン評論家のロバート・パーカーが編みだしたワインの評価法。

35　暇《ひま》を嫌う

僕のような仕事をしていると、旅をすることが多い。例年6月ごろから4か月間の全国ツアーに入るため東京を出たり入ったりし、長いときでは2週間ほど東京に戻れないことがある。そして、11月下旬から12月下旬までのディナーショー時期も同じように、東京へは1週間ほど帰れないことがある。旅の支度も慣れているとはいえ、なかなか大変だ。なので、僕はできるだけ忘れ物がないように、持っていくものをメモ書きにしている。備忘録のようなものだ。

そのリストの初めに書いてあるのが、〝本〟だ。そこから、歯ブラシセット、サプリメント、トレーニングバッグなどとあれこれ書いていく。なぜかそのリストの始まりは本なのだ。

気がつけば、僕はこの1週間で30冊ほどの本を次々に購入していた。ただ、これらを購入する前から読みたいと思っていた本が、寝室のアップライトピアノ（箱形になっている）の上にまだ20冊ほど置かれているので合わせて約50冊の本が堆《うずたか》く積まれている。

通常、ピアノの上には譜面やピアノの教則本が置かれていそうなものだが、そのようなものはなに一つない。アップライトだからこそ、ものを積みやすいということもあるのかもしれないが。本を置くには丁度いい按配の棚になっているので、まあ、何冊も積めてしまう。

グランドピアノに比べてアップライトピアノの音はこもりがちだが、本を積んでいて上部の蓋を開けることがないので、鍵盤を叩けばさらに音はこもっているはずだ。こうしたピアノの上に山積みされている本はまだ読んでいないもの。読んでしまった本は僕の会社へ行くことになり、スタッフがそれぞれ興味のある本を手に取るということになる。

僕はなぜ本が好きになったんだろう。考えてみると、僕の本好きはいまに始まったことではなく、10代のころから活字を追う習慣があった。いまから50年も前の話だ。

その時代には当然、スマートフォンもなければ、電子書籍もなかった。アナログ時代なだけに、必然的に活字で想像力を働かせること以外方法はなかったのだ。それがいまだに習慣として体のなかに残っているのだろう。

僕のネイリストから、昨年末（2016年）に駆け込みで年末ジャンボ宝くじを買ったという話を聞いた。当たれば10億円が手に入るという。10億円という金額が手に入った人のそれからの人生はどうなるのだろう？　僕の近くでそのような人を見てみたいという強い思いから、ぜひ当籤《とうせん》してほしいと僕は伝えた。彼女は、たとえ10億円が手に入ったとしても仕事は続けたいといっていた。本当に続けるのだろうか、と思ったが口にはしなかった。

アメリカの宝くじ高額当籤者の話で、彼らの末路は悲惨なものもあると聞いたことがある。いったい何十億何百億という金額はどこに消えてしまったのだろう。当籤者すべての人たちがそうではないだろうが、一部の人たちの末路は本当に哀しいもので、聞くところによれば、当籤者の90％がもとの生活に戻っているという。

僕がアメリカで聞いた話だが、あるゴルフトレーナーが何十億という宝くじに当たった。そして、その人の夢であったゴルフ場を手にした。もちろん数年間は順風だったが、そこに関わるゴルフ場の維持費や人件費など、思わぬ出費がかさみ、ついにはそのゴルフ場などを手放さなければならなくなった。あとに残ったものは、大きな借金だけだったという。あの何十億というお金はどこへ消えてしまったのだろう…。残念ながら、そのトレーナーには大きな夢はあっても、その夢を具現化していく経営の才能はなかったのかもしれない。大きな夢はお金で買えたのかもしれないが、経営のノウハウは、お金では買えなかったのだろう。

人は暇を持て余す時間ができるとどうなるのだろう？　一生なにもしないとどうなるのだろう？

もし僕が暇を持て余しているのなら、毎日をどのように過ごすのだろうか。おそらく僕は、いつしか精神も肉体もすべてが弛緩《しかん》した人間になっているのではないかと思う。つまり、生きている気力もなく、なんだかとてもイヤな人間になっているような気がする。

きっと僕は暇が嫌いなのだ。きっとそうなのだ。持て余す時間があることは僕には必要ないと思っている。

考えてみると、僕は毎日のようにボーカルトレーニングをし、週3回体のトレーニング、週1でスポーツマッサージを受け、ネイルをしてもらい、月1回レッスンプロからゴルフレッスンを受け、月1で虫歯がなくても歯医者に行く。そして、空いている時間、というより、自分で時間を作り、本を読む。とにかく、空いている時間を埋めていく。

暇な時間がもったいないと思うから、本を読み、思考を停止させることがないのだ。停止させるとしたら、それは僕が眠っているときだけなのかもしれない。というか、眠っているあいだは思考というものは止まるのだろうか…。

こういった時間の使い方は、僕の命が尽きるまでずっと行われていくのではないかと思う。本を読んで想像力を働かせたり、自分が作り出す映像や音の世界が楽しくてしょうがない。その尽きることがない想像力を無意識に働かせ、活字を音符のように躍らせるのだ。そうすることに喜びを感じている。

　僕が読書するときは、“Miscellaneous Notebook”というB5サイズの雑記帳を傍らに置いておく。わからないことがあったり、心に残るような文言があったりすれば書き留めておくためだ。そうやって自らの手で書くことで、頭のなかにインプットしていき、もし、大切だと思えば、さらにパソコンのテキストにも残していく。こうすることで、自分なりに本から学べたり、人の考え方に共感したり、あるいは逆に独自の違った意見を持つことができたりもする。つまり、自身のキャパシティを広げることができるのではないかと思う。

　そしてなにより僕にとって本を読むことは、洞察する能力を強化する最善の方法、と思っている。

36　引き際を見定める

最近、僕が悩んでいることの一つに、70歳になったら運転免許証を自主的に返納するかどうするかということがある。

まだ先の話といえばそうなのだが、いずれ7、8年後にはその時期がやって来る。いつかは火急の問題として扱うことになるのだろうが。

じつは先日、70歳で義務付けられている高齢者講習に行ってきたという知人の話を聞いた。

高齢者講習は70歳から74歳までの免許証更新をする人が対象だ。講習の6つのうち5つは座学らしいが、どうも重きを置いているのは実車のようだ。そこでは、1台に3人ずつ乗る。高齢者講習にやって来た人たちを見れば、その多くがジャージ姿だったという。そりゃそうだ。本人たちは高齢者講習になど行きたくない訳で、ただ、これは法律で義務付けられているからやむなく行く。だからジャージなのだ。ジャージ姿がやる気がなく、講習にふさわしくないのではない。ただ、誰一人として、この後ジムに行くのでジャージで来ました、あるいはジム帰りなのでジャージで来ました、という方もいないだろう。

ちなみに、僕の知人はスーツにネクタイで行ったそうだ。それには、もちろん理由があったらしい。「私はこの高齢者講習を大事と考え、きちんとした態度で臨む」、という意識の表れ、それを教官にわかってもらうことが大切と思ったようだ。

そして、実車指導の話は特に僕の興味をそそった。

高齢者の方たちの多くは坂道発進では上っていけず、路上での車庫入れは白線からはみ出し、教官の「ここを左に曲がってください」という指示に、反対側の右に曲がっていった。「そこに止めてください」といわれれば縁石に乗り上げるというありさま。さらに、〝止まれ〟の標識を無視して行くという。まあ、客観的に見ると免許証を返したほうがいいという運転の人がほとんどだったらしい。

〝止まれ〟を止まらないのはなかなか怖いことだ、と僕は思う。

数年前に、〝止まれ〟の標識の前で僕は止まり、そして走り出して20メートルほど行ったときだった。待ち構えていた自転車に乗ったお巡りさん二人に車を止められた。僕は満面の笑みで車の窓を開け、「なにか？」と口元をゆるませながら訊いた。「〝止まれ〟では止まってください」、といわれた。僕はすかさず、「いま止まりましたが？」と反論したが、「いまのは限りなく停止に近い、徐行です…」とたしなめられ、違反切符を切られた。以来、〝止まれ〟という標識では完全に停車するし、それまで以上に安全運転を心がけている。

ただ、僕が悩んでいることは自分の運転技術ではない。それに、自身の運転技能を疑ったこともない。僕のドライビングテクニックは自負できるほど、と思っているからだ。では、なぜ返納を検討しているのか。なんというか高齢者講習に行ったときに起こり得るだろうな、という問題による。

もし僕がその高齢者講習に行ったなら、ジャージを着たおっちゃんから、「あんたどこかで見たことあるねぇ」とか、「あれっ!? あんた、郷ひろみに似てるねぇ」とかいわれたりするのではということだ。それを思うと、どうも高齢者講習への足が遠のく。他人から見れば些末な問題だろう。が、僕はいたって真剣に悩んでいるのだ。

最近、あちこちで引き際という言葉を聞く。芸能界、経済界、スポーツ界、政界などいろいろあるが、それまでの地位や立場などから退くときの時機や身の処し方は本当に難しい、と思う。

僕たちの記憶に新しいところでいえば、２０１７年の安室奈美恵ちゃんの引退表明は電撃的ともいえるものだった。年齢的なことだけで考えれば若すぎるとか、早すぎてもったいないとか、さまざまな意見があるだろう。ただ、人にはわからない彼女なりの深い思いがあってのことではないだろうか。

というか、彼女が説明しようがしまいが、他人には到底理解できない思慮がそこにはあり、僕はそれでいいのだと思う。

引き際を考えれば、まだまだ自分はやれるとか、後に引き継ぐ人間が育っていないとかあれこれ考えてしまうようだ。それに、運気が上り調子であればあるほど、組織において重要なポジションにいる人ほど、その成功や地位に執着してしまいがちなのかもしれない。とはいえ、その人がいなくなればなったで、なんとかなるものだという考えもある。だから、あれこれ心配せずに、さっさと退くという手もあるのかもしれない。それに、自身がピークのうちにとか、僕の仕事でいえば人気のあるうちにというのも一理あるのだろう。

老子は〝引き際を見定めよ〟と説いた（「功遂身退、天之道也」）。これがとても判断に迷うところだ。ゴールを駆け抜ければ駆け抜けたで、新たな目標を持ち、まだやれると思うし、もしかして周りも、「まだやれるのに…」と心からその人がいなくなることを惜しむかもしれない。だから悩むのだろうし、引き際を見極めるという判断が困難なのかもしれない。人間は良い時期に悪い時期のことは考えられないというか、考えたくないものだ。だからなおさらその絶頂という時期に執着し、こだわるのではないか。

僕の引き際はいつやってくるのだろう…。いまの僕にはまったくわからない。ただ、一つだけいえることは、人に肩を叩かれ、「ひろみさん、もう引き際じゃない？」とはいわせないということだ。僕は、自分で自分の肩を叩く、そう思っている。だからこそ、そこを間違わずに判断できればと考える。

僕は仕事柄、目標はなんですかと訊かれることがある。

僕は、郷ひろみを続けるという、その行為自体がとても大切で、それが僕の大きな目標なのでは、と最近思う。

そう思えば、まだまだ引き際を考える時機ではないと自身にいい聞かせてしまうのだ。

37　運動から人生を学ぶ

僕は体を鍛えるトレーニングを週3日ほど行う。専属トレーナーについて1時間ほどの運動は集中力を切らさず、熱心にトレーナーの説明に耳を傾ける。長年トレーニングを続けてきている僕のような人間にでも、まるで初心者に対するように毎回同じ説明をしてくれる。単純な動きでも、その大切さを逐一説明してくれるのだ。これは、じつはとても大事なことだと思う。特に僕のように、「その部位はなんという筋肉ですか？」「なぜ手はその位置につくのですか？」などとあれこれ質問し、理解したいと思う人間には、こういった説明はとても必要なのだ。

理論を知ることは無駄をなくし、修正能力も高めると僕は思っている。

「あと数年したらトレーニングを始め、体作りをしていきたい」と、24～25歳ごろに漠然と考えていた。「きれいな体になりたい」、始まりはそんな上っ面なことだったと思う。しかし、20代後半ごろからトレーニングを始め、数年が経つころにはそんな皮相な動機は雲散霧消してしまい、体を鍛えると、心も鍛えられる、と人が変わったような意識を持ち始めていった。僕たちは一大決心をしてなにかを始める、あるいはなにかをやめる。しかし、それが結果として現れるまでにはいくつか越えなければならない山がある。初めに訪れるのは三日坊主といわれる心の揺らぎだ。決意したにもかかわらず3日でやり始めたことを疑いだしたり、忙しさにかまけたりして明日にすればいいか、と決意が揺らぎ始める。次は30日＝1か月、3か月、そして、最後は3年と僕は確信している。しかし、その3年を乗り越えることができれば、かなり結果となって現れてきているし、決心して始めたことをやめようとか、やめたことを再び始めようなどとは思わない域まで達している、と僕は思う。

人は3日で覚えたことは3日で忘れ、1か月で覚えたことも1か月で忘れる。3か月で覚えたことも3か月で忘れれば、1年、2年かけて覚えたことでもなにもしなければそれぐらいで忘れていくものだ。しかし、3年もやり続けると、もうやめようなんて思わない域まで達している。新たなステージに向かいたくなるのだ。ファーストステージをクリアしたゲームみたいなもので、次はセカンドステージ、そしてサードステージと、ある意味、人生のステージを上げていく。そうしてキャリア同様に、ひいては人間のステイタスも上げ、人格も高めていくことになるのだ。

いまではジムへ行くと、多くの人たちが体を鍛えている。しかし、残念ながら正しい方法でやっている人を見かけることはまずない。フォームが崩れていたり、ウエイトを使っての上げ下げのスピードが速すぎたり。考えてみれば、僕自身もそうだった。なにも知らなければ見よう見まねで行い、じつは体に負担をかけ、関節や筋肉を痛めることになりかねない。正しいトレーニングとは、フォームを崩さず、苦しくてもその正しいフォームでしっかりと回数を重ねることだ。なので、長年トレーニングをしている僕でもトレーナーがついていなければ微妙にその苦しさから逃げてしまったり、間違ったフォームで行ったりしていることがある。

トレーニングを行う際に大切なことは、重すぎるバーベルやダンベルを上げないことだ。それより、いかに正確なフォームで、設定した回数をクリアできるかがポイントになってくる。そして、その回数にたどりつくためにフォームが乱れたり、動作がいい加減になったりしないことだ。フォームが乱れればそのトレーニング自体が効果的ではないし、腰や関節などに過度な負担がかかる。自分ではその部分を鍛えているつもりでも、違うところが鍛えられていたり、大切な背骨や腰を痛めたりということになりかねない。だからこそ、軽めのウエイトで始め、あとは自身の進捗状況に合わせて重さを増やしていけばいい。もう一つトレーニングで大切なことは、呼吸を止めないことだ。きれいな空気を鼻から吸い込み、力を出すときに空気をゆっくりと口から吐き切る。あるいは、力を出すときに息を止め、出し切ったときに吐く。こうすれば、肩など無駄なところに力が入らず、鍛えている部分だけに効き目がある。つまり、ウエイトトレーニングに関していえば、重力に逆らうときに口から息を吐き、重力どおりの動きをしたときには鼻から吸う意識だ。

水泳、スキー、ゴルフ、そしてダンスも、すべてはまずゆっくりとした動作を身につけることが大切と僕は教えられた。要はその正確な動きの一つひとつを覚えたら、そこから徐々にその回転やスピードを上げていく。それが無駄なく動け、結果的に速く正しく動けることになる、と。ウエイトトレーニングもそうだ。急がずに正しいフォームで行う。ただし、ダンスなどと違い、ウエイトトレーニングではスピードを速めていくことはまずしない。あくまでもゆっくりとした、正しい動作で最後までやり抜く。では、なぜそうすることが大切なのか。それは、自身で体の動きを完全にコントロールしている状態になるからだ。そのコントロールが重要なのだ。

僕は運動から人生を学んだ。それがいまの僕を支えていると思っている。運動により体だけでなく、心が鍛えられた。心拍数が上がりながらも、我慢して行うことで忍耐強くなった。そして、ゆっくりとした動作でトレーニングを行うことを理解し、体だけでなく自分自身をコントロールすることの大切さも知った。

トレーニング後に筋肉痛はつきものだ。その解消法にはふた通りある。積極的疲労解消法、そして消極的疲労解消法。前者は筋肉痛を我慢して、トレーニングを続ける。後者は筋肉痛がなくなるまでなにもせずに過ごす。もちろん、僕は前者をお薦めする。しかし、どちらを選択しようが遅かれ早かれ筋肉の痛みはなくなる。それに、肉体は筋肉痛を覚えても、心までは筋肉痛にならない。

38　見られることを意識する

先日、ラスベガス、ロサンゼルスの西海岸を10日間ほど旅した。アメリカを訪れたのも久しぶりだったが、西海岸へ行くのも数年ぶりだった。

今回は自身のコンサート前にいろいろなショーを観ることが目的だったが、時間的にも限られていたので、観るものはどうしてもいまのラスベガスを象徴するようなシルク・ドゥ・ソレイユのショーが中心になってしまった。

シルク・ドゥ・ソレイユの『O（オー）』というショーをラスベガスで初めて観たのは20年ほど前だった。ちなみにそのとき僕の一つ前の席に、世界的に有名な音楽プロデューサーのクインシー・ジョーンズが座っていた。彼はマイケル・ジャクソンのアルバム『Off The Wall』のプロデュースを務めた作曲家で、編曲家でもあり、史上もっとも売れたアルバム『Thriller（スリラー）』のプロデューサーでもある。

僕はそのシルク・ドゥ・ソレイユのショーを初めて観たとき、演出の緻密さ、大がかりだが計算し尽くされたセットの動きの素晴らしさ、パフォーマーのずば抜けた能力に感動以上の驚きを覚えた。じつはそのショーの初日を迎える前までに、なんと1年半ほど十全なリハーサルを行っていたという話を聞いた。たしかに、これだけのショーを行うにはそれぐらいの期間のリハーサルが必要で、だからこそ、いともたやすく超美技を見せる域まで持っていくことができたのだろう、と感心したことを覚えている。

そしてあれから20年経った今回も同じ感動を味わった。

僕が初めてラスベガスを訪れたのは、いまから40年以上前だった。友人たちと車でロサンゼルスから向かった。州間高速道路と呼ばれる一本の道がラスベガスへと続いていたと思う。とにかく、真っ直ぐな道はいったいどこまで続くのだろうと思えるほど長くて広かった。セスナ機なら離着陸可能なのでは、と思えた。

「あの灯りがラスベガスだよ。あの明るいところが見えたということは、やっとネバダ州に入ったよ」、とドライバーから声をかけられた。丘陵の向こうに見えるラスベガスの街が、まるで大きなＵＦＯのようにゆらゆらとオレンジ色に燃えていた。あの丘を越えれば都会のど真ん中なのだろうが、遠くに見えたラスベガスはとても神秘的だった。あの丘の先にラスベガスという巨大な街があるんだ、あそこを越えればついにラスベガスという街を見ることができるのだ、と。あのときの僕の胸の高鳴りは、いまでも心に残り、忘れることができない。何度ラスベガスの街を訪れても、あのとき目に焼き付いた記憶が、しっかりと僕の脳裏に現れる。

僕たちはホテルにチェックインし、それぞれの部屋に入った。そこで僕は生涯忘れることができない出来事を経験する。僕はその夜のディナーのためにわざわざ日本からスーツを持ってきていた。ロサンゼルスのホテルでもベッドの上に広げて、スーツ、シャツ、ネクタイ、ベルトなどを確認し、それを大事にガーメントバッグにしまい、部屋のクローゼットに掛けた。その大切なスーツが入ったガーメントバッグをロサンゼルスのホテルに置いてきてしまった。部屋のクローゼットにかけたまま残してきた僕の一張羅《いっちょうら》のスーツ。この日のために日本から持ってきていたスーツを、あろうことか、僕はラスベガスから遠く離れたロサンゼルスに置いてきてしまった。もちろんもう取りに戻ることはできない。

残念なことに、僕はそのスーツ以外に予定していたレストランに行けるような服は持ってきていない。僕は涙が出るほど自分が犯した失態を悔やんだ。

レストランは予約してあったので、そこにはなんとしても行きたい。僕はホテル内にある洋服屋さんを訪れ、なけなしの所持金をはたいてスーツを買った。ただ、残念なことに僕に合うサイズはなかった。でも、ないよりましだ。僕は自分より3サイズほど大きめのスーツに袖を通し、短時間で裾上げだけをしてもらったことを覚えている。そのスーツを着て、僕はレストランで写真を撮ってもらうサービスをお願いした。それも記念だと思った。もちろん、その写真におさまっていた僕は、それなりに様《さま》になっていた…。

だぶだぶのスーツでもディナーテーブルに隠れて、上半身しか見えていなかったのだ。

あれから40年以上の月日が流れた。でもそのときの記憶は、古いホテルが壊され、新しいホテルが建っても、僕のなかで消え去ることなく、いつまでも思い出として残っている。

僕はこの街でたくさんのショーを目にし、多くのアーティストたちに刺激を受けた。セリーヌ・ディオン、エルトン・ジョン、トム・ジョーンズなどなど。何年か前にトム・ジョーンズを観たとき（おそらく、そのとき彼は70歳を越えていた気がする）、動きも歌唱力も全盛期と変わらないトム・ジョーンズだった。まったく衰えていないというのが僕の印象だった。

その昔、『This Is Tom Jones』というテレビ番組が人気を博していて、それを日本で観た覚えがある。彼が番組の最後に歌うとき、結んでいた蝶ネクタイを間奏で外し、ラストを歌い上げる姿がとても印象的だった。

その仕草はラスベガスでは観られなかったが、70歳を越えた彼のセクシーな動きに、女性たちからの相変わらずの黄色い声援が飛んでいた。「70歳を越えても、あれだけ歌えるのか…」

僕はうらやましさと同時に、大きな刺激を受けたことを覚えている。

今回のラスベガスでのショーを観て感じたことは、やはり〝Show〟というのは、見せるものということだ。歌手である以上、もちろん歌を聴かせることは当然だが、それと同時に見せて、そして楽しんでもらう。これがもっとも僕には大切なことで、僕が郷ひろみである限り、求めていかなくてはならないのではと強く思った。

39　ＡＩと共存する

僕の歌に『2億4千万の瞳』という曲がある。34年前（１９８４年）に発売になった、あの歌のタイトルがなぜ『2億4千万の瞳』になったのかといえば、当時の日本の人口が1億２０００万人を超えたからだ。その時代がどのようだったかは明確には覚えていない。ただ、なにかとても勢いがあったことだけは心に残っている。僕たちみんながそれぞれの目標を持ち、まるでキラキラと輝く太陽に向かって歩いているように、国民一人ひとりが一丸となって前に進んでいた。それが日本という国を大きく引き上げていたのかもしれない。そんな時代だったと記憶している。

統計によれば、日本の人口は減少の一途を辿っていて、現在（２０１８年）は1億２４６９万人ほど。２０３０年には1億２０００万人を下回り、２０５３年には1億人を切り、２０６０年には９２８４万人まで減少するといわれている。そして、２０

65年の人口は推計約8800万人だそうだ。これは僕が生まれた1955年ごろの人口とほぼ同数らしい。しかし、その当時の平均年齢は27・6歳で、2015年の平均年齢は46・4歳、そして2065年の平均年齢は53・4歳になるという。つまり、圧倒的に高齢化が進むのだ。

人口が減少し始めたことで、少子化も表面化し、いまでは「超少子化」といわれる。なぜ少子化が進み出したのか。子供を少なく産んで大事に育てることで、質の高い人間が育つという気風が生まれ始め、いまでもそうした気持ちがそれぞれのなかにあるからなのだそうだ。ただ、これは本当にそうだろうか。本当に質の高い人間だけが育っているのだろうか…。

合計特殊出生率が2・07あれば、人口は減りもしなければ増えもしないといわれる。1950年には3・65あった合計特殊出生率が、74年に2・07を下回り、2005年には1・26まで下がった。その後も、1・5未満の超少子化状態が続いているという。

いまでは当たり前のように聞く言葉が、「AI」と呼ばれる人工知能だ。そして、あらゆるものがインターネットにつながる「ＩｏＴ」や「ＩＣＴ」という情報通信技術の急速な進化がある。ＡＩとは、人間の脳が行っている知的作業を行うコンピュータープログラムだ。単純に計算処理ができるということではなく、知能なので、自分で考える力がある。そして、感情に左右されずに自己判断ができるようになり、疲れを知らない。だから、人間より効率良く作業をこなすことができるし、疲れからくるミスもない。

ＡＩが生かされている例として、身近なところで僕が思いつくのは、ＡＩ搭載による自動車の自動運転だ。車内外に取り付けられたセンサーにより、通行人、対向車、信号、標識などを察知することや、止まっていた車が動き出す瞬間や、いきなり飛び出してくる人や自転車などを察知して、人と同じような水準の認識と警告を可能にする。

お掃除ロボットにもＡＩが生かされている。初めて購入したときはいまから15年ほど前だった。当時、自宅に戻ってみると、電気コードに引っかかり、よくひっくり返ってバラバラになっていた。ただ、それに妙に可愛さを覚えた。

あるいは、AIを搭載している犬型の家庭用ロボットだ。自ら考え行動し、お掃除ロボット同様に充電機能が付いているので、充電不足になれば自力で充電器に戻ることができる。

こうして目に見えるAIもあれば、グーグルなどのように、直接目には見えないところで取り入れられているAIもある。つまり、検索エンジンなどだ。

僕がほしい先端技術のものは、GPS機能の付いたゴルフボールだ。インパクトの瞬間には何トンという衝撃がクラブヘッドからボールに伝わるので、その衝撃に耐えられるものでなければならない。でも、可能のような気もする。それがあれば、ボールを探す時間が相当短縮されるはず。

日本の大きな課題は少子高齢化だ。いまはもしかして、職場などに無駄に人が多いのではないかという気がする。東京都庁にしても、本当にあれだけの高さのビルが必要なのだろうか…。つまり、あれだけ巨大なビルであればそこで働く人たちが大勢要る。しかし、本当にそんなに多くの人たちが必要なのだろうか。もっと省くことができるのではないか。省く、つまりＡＩに任せられる仕事もきっとあるのではないだろうか。

一方で、若者の地方離れが加速しているという。しかし、ＩＣＴを活用することで、若者の地方離れの問題は多少なりとも解決できないだろうか。彼らが魅力を感じる地方都市をつくることはできないだろうか。たとえば、その場所に医療の専門的な人がいなくても、遠隔から診断することができ、薬が必要となれば、ドローンがそれを運んでくれる。

ＩＣＴが地方の弱点の一つである利便性を高めれば、都心にこだわる必要性は少なくなっていくはずだ。

今後日本の少子化や高齢化は止まらないだろう。ならば、ＡＩなどに任せていくことも必要だと僕は思う。いずれそういう時代が訪れることは間違いないのだから、いまからそれを組み込んだ組織の在り方を僕たちが見つけていくことが大切なのではないか。人員を省くことでＡＩの出番が増えるだろう。その分、ＡＩを用いない仕事などに携わる人たちには、より多くの給料を支払うということにすれば、やる気のある人材を残すことができるだろうし、モチベーションアップにもつながる。そして、ある意味省かれた人たちは、その人でなければ務まらない仕事に就くことを僕たちが考えていかなければならないと思う。

僕たちはＡＩに仕事を奪われる心配をするのではなく、ＡＩで便利になった世界に想いを馳せてみてはどうだろう？　そして超高齢化社会に向け、多くの高齢者が住みやすい街づくりをしていくことが、高齢化という時代を生きていく人たち個々の責任ではないだろうか。

どうすればこの超高齢化社会を生きていけるのか。僕はＡＩと共に生きることになんら不安はないのだが。

40　非日常に身をゆだねる

２０１８年の全国コンサートツアーが5月末から始まった。今年もおよそ4か月間で50ステージほどある。

僕はいままでに何回ステージに立ってきたのだろう。１９７1年から郷ひろみとしてのキャリアがスタートしたが、最初の数年間は無我夢中でステージに立ち、そこで数多くの失敗を重ねてきた。考えてみれば、今日まで上手くいったときより、上手くいかなかったときのほうがはるかに多い気がする。ただ、これまでにさまざまな経験を積んできたことが、いまの自分を作り上げていることは間違いない。なにより、それは僕の誇りである。

いまでは及第点以上は絶対的に取れる自信があるステージでも、2時間を通して、「今日は満点!」という記憶はない。何年か前にたった1曲だけ、『僕がどんなに君を好きか、君は知らない』という曲をディナーショーで歌ったとき、これは満点と思えたことがあった。でも、そのときはけっして喉の調子が良かったわけではない。それをわかっていたからこそ、殊の外慎重に歌ったことがたまたまそのような結果になったのかもしれない。それに、調子が良くて慎重に歌っても満点を取れることはない。得てして、調子が良いときは調子に乗り過ぎて足をすくわれることがある。そんな経験から、〝人は得意分野で失敗をする〟、それを自身の戒めとした。

僕は、最高のショーを作ることとは、どれだけ緻密に作り上げられるか、だと思っている。緻密であればあるほど最後まで気を抜けない。その気持ちはバンドメンバー、スタッフもまったく僕と同じはずだ。その緊張感があるからこそ意識を集中し、それをラストまで維持できる。それが最高のショーとして、観客にも伝わるのだと思っている。

２０１８年のコンサートミーティングは、コンサートがスタートする半年ほど前から始まっていた。その時点でコンセプトはほぼ決まっていた。

さらに、数か月前には僕が入り、曲のプレゼンテーションが行われた。しかし、僕の提案で楽曲の変更、曲順などの入れ換えが行われた。

それから数週間後には、ステージセットのプラン、ライティング、バックで使う映像のことにまで話が及んできた。今回歌う楽曲には新しいものがあった。自分の曲でも20年前のレコーディング以来歌っていないものもあった。僕は1か月ほどかけて、これらの曲を覚えなければならない。しばらく歌っていない歌は、まったくといっていいほど僕は歌詞を覚えていない。歌っていなければ、記憶は薄れていくのだろう。

それにいままではプロンプターという〝歌詞が見えるもの〟があるが、あれは僕の全身を見せたいショーには適していないと思っている。なので、足元にはモニターと呼ばれる僕専用のスピーカーも設置していない。あれがあれば、パフォーマンスのじゃまになるし、前列の観客席からは足元がまったく見えないのだ。

このように、コンサートが始まるまでにはいろいろなことを記憶する。歌詞だけではなく、ダンス、立ち位置、話す内容…。何人かの人たちに訊かれたことがある。歌詞を覚えるコツは？ と。そんなものあるのだろうか。逆にあったら教えてほしいが…。歌詞に関して、僕はひたすら聴き続ける。それでしか頭には入っていかない。何度も繰り返し聴き、そうして記憶していくしかない。

ダンスも同様で、体が自然に動くまで覚え込ませる。つまり、振り付けされていることが観ている人にはわからないようになるまで、自分のものにする。

僕はコンサート初日までの日程を見て（今回はツアーリハーサルと新曲プロモーションが重なり、例年よりリハーサル日数が少ない）、ダンスはできるだけ1回目のダンスリハーサルで覚えることを心に決めた。コンサート初日に合わせ、それまでに覚えればいいかと思えば気持ちに緩みが生まれ、結局は自分で自分の首を絞めることになる。

ダンスの最中には、頭のなかで「1、2、3、4、5、6、7&8」などとカウントしている。例えば、3小節目の2拍目に首を右に向け、4拍目の8分音符／裏のピックアップで左膝を曲げるとか、それをカウントしながら覚える。

僕はリハーサルからけっして気を抜かない。なぜなら、リハーサル以上のステージを務めることはできないと思っているからだ。リハーサルで80点なら、本番では80点以上の点数を取ることはできない。というか、良くて80点だ。あるいは、それ以下のはずだ。

「ひろみさんは本番に強い」といわれるが、それはリハーサルを全力でやったからこそ、に過ぎない。そこに、目を奪われるような繊細さだったり、ダイナミックさだったりといったライティング、サウンド、衣装、セットなどが加われば、それが点数を引き上げているだけだと思う。プラス、アドレナリンという魔術のようなものが出ているからかもしれない。しかし、そのアドレナリンを出すためには、リハーサルも本番と同じように行うしかない。

果たして、効率の良い覚え方とは？　集中力を発揮し、覚えることを意識する、それしかないような気がする。つまり、ボーッと聴いたり、何も考えず踊ったりするのではなく、その瞬間に覚えてしまうという集中力が必要。そうするとある時期を過ぎたときに体が勝手に動いていく。歌であれば、歌詞を考えず次から次に出てくる。これしかないような気がする。そうして、大きな緊張感を持ちステージに立つ。

ただ、これだけしていても、ステージ上では瞬時の判断を迫られることがある。オンステージしている自分だけで判断せざるを得ないこともある。そういった緊張感のなかに自身をゆだねる。僕にはそれがとても必要で、日常ではあり得ない空間に身を置くことで自分自身が刺激され、たまらない快感を覚えている。

41　発汗に気を配る

冷や汗をかいたことは誰でもあるだろう。ひどく恥ずかしかったり、気が気でなかったり、あるいはとてつもなく恐ろしかったり、そんなときに出る汗だ。僕のように人前に出る仕事をしていると、冷や汗をかくなんてことは日常茶飯事だ。それがステージ上であったり、テレビの生放送であったり。

僕がまだ19歳のころ、ツアー中の宿泊先で夜遅い時間に大浴場に行った。僕は大きな湯船につかり鼻歌まじりだった。見ると、当時の僕のマネージャーが鏡や椅子などが横一列に並んだ洗い場で、髪の毛を洗っていた。

そして、シャンプーが終わり、泡立った髪の毛のすすぎに入った。ここぞというタイミングで、僕は彼にわからないように、髪の泡を流しているシャワーのお湯と一緒にシャンプー液を注いだ。すすいでもすすいでも泡は消えない。それを何度か繰り返しているうちに、ついにそのマネージャーは後ろを振り返った。しかし、それはマネージャーではなく、見たこともないおじさんだった…。僕は冷や汗で、自分の体から出ている湯気が一瞬止まった、気がした。僕は平身低頭して、そのおじさんに謝った。

ＮＹのカフェで洗面所へ行ったときだが、そこは一人用の個室になっていた。個室のなかで手を洗い、扉を開けようと思ったら開かない。左右にスライドさせてもダメ。押しても開かない。何をしようがまったく扉は開かなかった。かなり焦ってしまった僕は、大きな声で助けを呼んだ。

近くにいた人が扉を僕のほうへ押して開けてくれた。何のことはない。僕は扉を引くことをしなかっただけだ…。単純に引けばその扉は開いたのだ。その人に礼をいいながらも、引きつった笑顔と恥ずかしさで冷や汗がタラーッと流れた。

久しぶりにお目にかかった方に、「奥様はお元気ですか？」と尋ねたら、その瞬間にスタッフから、「出番なので！」と僕は引っ張られていった。その方が見えなくなったところで、「あの人は、離婚されたので…」とそのスタッフから聞かされた。本番前に、脇の下から汗がジワーッとにじんだ。

つい最近だが、誰かが倒した水の入ったグラスを、テーブルから床に落ちるすんでのところで僕はキャッチした。心のなかで自身の反射神経の良さに賞賛の声をあげた。もちろん、周りは大きな声で賛辞を発していた。僕は、グラスが落ちていくときには冷や汗が出て、グラスを摑んだときは誇らしさのドヤ顔が顔一面に表れていた、はずだ。

さて、汗だが。

僕はいわゆる汗っかきではない。ステージで歌って動いていても、汗っかきという人たちとは比較にならないほど汗は出ない。僕のステージをご覧になった方たち、特に前のほうの席に座っている方たちは異口同音にいうのではないだろうか。「ひろみは、顔には汗をかかない」、と。

しかし、汗はかく。ただ、その量が絶対的に少ないのだ。それがいいことか、悪いことなのか僕にはわからない。突きつめて考えたこともない。体は汗をかくのだろうが、どんなに動いても、顔から滴り落ちるほどの汗をかいた記憶はない。

先日、ショーが始まってから1時間ほどのところで、僕はマイクを左手に持ち、何気なくその左手の甲に目をやると、手の甲が汗で光って濡れていた。ということは、当然顔には汗がにじんでいたはずだ。僕はその手の甲に浮かんでいた玉の汗を拭《ぬぐ》うことはしなかった。なぜならば妙にうれしさを感じたからだ。こんなところに汗の粒があるのだ。僕は新たに発見した自分の体に起こる変化に、驚きと喜びを感じた。

今年（2018年）の夏は、災害といわれるほどの酷暑だ。それだけに、夜はどうしてもさっぱりとしたシャワーですます人が多いのではないだろうか。ただ、疲労回復を考えれば、あえて発汗を促すために入浴することが大事なようだ。暑くて嫌気がさす時期だからこそ、湯船につかることが大切と聞いたことがある。

特に、夏バテ予防には入浴がとても効果的といわれる。湯につかり体を温めれば血行が良くなり、体のなかにたまっている老廃物を外に出してくれる効果がある。それに自律神経のバランスを整える作用もあるし、免疫力が上がる効き目も期待できるという。

女性に多いのは、入浴剤をつかったり、実際に炭酸ガスを湯のなかで発生させるものを用いたりというパターンだ。炭酸ガスがお湯に溶け込んで、疲労を回復してくれ、美肌効果にも一役買ってくれるという効果があるからだろう。それに、炭酸ガスはぬるめのお湯でもその効果を発揮してくれるため、熱すぎないお湯で長い時間心身共にリラックスさせることができる。

入浴中は、体の隅々まで温めることでじわじわと汗を出させることが大切だ。発汗が夏バテ予防にもなり、血流が良くなることで体のバランスを整えてくれるからだ。

そしてなによりも気持ちがいいのは、湯上がりに覚える清涼感ではないだろうか。だからこそ、熱すぎないお湯にゆっくりとつかり、その爽快感を味わいたいものだ。

ただ、血行が良くなると寝つきが悪くなるともいう。なので、僕は眠る2時間前にはお風呂から出ることを心がけている。もし、眠るまでに時間がないと判断すれば、シャワーだけにすることもある。それはケースバイケースでと考えている。

先日、僕のツアースタッフの何人かが、全国ツアーの移動日に松山の道後温泉に行ってきたと話していた。そうなのだ。人は湯船につかってリラックスしたいのだ。そして、日常の疲れを癒やしたり、その日の疲労が泡と共に洗い流され、湯気となり消えていってほしいと願ったりしているのではないだろうか。

42 紫外線を侮らない

僕が20代のころ、東京の六本木にあったディスコへよく踊りに行った。いまではクラブというらしい。いつからディスコのことをクラブと呼ぶようになったのだろう。そして、その違いはなんだろう？ 僕はいまだにその違いを理解していない…。強いていえば、ギラギラした感じがディスコで、少しこぢんまりとし、店内もあまり装飾されていない感じがクラブなのかもしれない。

当時、仕事が休みだったり、あるいは仕事が終わってからだったり、僕はディスコへ行くことを楽しみにしていた。

いまとは違い、六本木の街はどことなく大人の雰囲気があった。まだまだ10代の若者たちには足を踏み入れにくい、そんな佇まいが感じられた。それに、ディスコという場所自体、大人にならなければ足を踏み入れてはいけない空気が漂っていた気がする。やっと僕も20歳になり、胸を張って行ける。しかし、初めて訪れたディスコの階段を降りながら、どこか気後れした自分がいたことを覚えている。それが六本木のディスコであった。まあ、僕が勝手にそう思っていただけかもしれないが。

いつしか、僕の周りではこんな噂が流れ始めた。僕が六本木のディスコにサングラスをかけ夜ごと出没し、踊りながら女の子をナンパするというのだ。サングラスをかけて、というのが信憑性を増していたのかもしれない。芸能人とサングラス、ありがちだ。とにかく、その噂がまことしやかに流れた。自分が気に入った子を見つけては踊りながらナンパする。そして、ナンパがうまくいかず断られれば、「これでも？」といってサングラスを下にずらし目を見せ、自分が郷ひろみであることをその子にわからせるという。「これでも？」というのは、僕は郷ひろみだよ、それでも断るの、って意味だろう。凄い噂だ。いや、噂は凄い。噂なんてそんなものだ。尾ひれが付き、大げさに伝わっていくというか、おもしろおかしく広まっていくものだ。この話は週刊誌にも載り、日本中に広まった。

当然、この話は真実ではない。ディスコでサングラスをかければ、足を踏み外して階段を転がり落ちる可能性もある…。それに、ナンパした記憶もない。まあ、週刊誌なんてものは一部は合っている場合もあるが、大枠では間違っているというか、大半は脚色されているものだと思う。

日本人にとって、サングラスにはあまりいいイメージはないのかもしれない。たしかに、日射しの強い夏の日に原宿や表参道を歩いている人でも、サングラスをかけるというスタイルをさほど多く見かけない。

僕が大好きなNYの街を歩いていると、サングラスをかけた人を見かけることは、日本よりはるかに多い。外国映画のなかでも、葬儀のシーンでサングラスをかけた未亡人を見ることがある。未亡人だけではなく、会葬者のなかにもいる。

東洋人より欧米人のほうがサングラスをかける人が多い理由は、欧米人は東洋人に比べて目の虹彩の色が薄いため、サングラスをかけないと紫外線を過剰に浴びるリスクがあるからだという。裸眼で紫外線を浴び続けると白内障の可能性が高まる。なので、目を守らなければならないのだ。東洋人の濃い茶色や真っ黒な瞳は欧米人に比べ比較的紫外線に強いので、目の保護という観点から見れば、その認識が低いのではないだろうか。たしか、オーストラリアではサングラス着用が義務付けられている小学校がある、という話を聞いたことがある。

プロゴルファーのように1年の大半を屋外のコースや練習場で過ごすなら、瞳の色の濃い日本人であっても、サングラスの着用は必要ではないだろうか。しかし、なかにはそれを良しとしない人たちも大勢いるようだ。ギャラリーも、テレビ観戦をしている人たちも、プロゴルファーのすばらしいプレーはさることながら、間近で、あるいはテレビカメラのアップでしかわからない、彼らの喜怒哀楽という表情を楽しみにしているはずだ。残念ながら、サングラスをしているとその表情はわかりづらい。ただ、プロは勝負をしている。なので、その表情から感情を相手にわからせないのは、勝利に有利に働くことがあるはずだと僕は思う。

ちなみに、僕もゴルフをする際には日焼け対策として必ずサングラスを着用する。眼病予防もそうだが、目から入った紫外線で日焼けしてしまうというのでサングラスは欠かせない。

欧米人にはサングラスが似合うが、東洋人にはどうもイマイチしっくりこないという話を聞く。それは自分に似合っていないものをわざわざ選んでかけているからではないだろうか。

これは僕の考えだが、欧米人の多くは目と眉毛の間隔が狭い。つまり、彫りが深い顔立ちなのだ。東洋人はそれに比べて目と眉毛の幅がわずかだが広い。なので、東洋人がサングラスをかけた際に、眉毛が必要以上にサングラスの上からはみ出てしまう。それが似合わなさを醸し出している一つの要因でもあるような気がする。

パンダの目の周りが黒いのは目を大きく見せることで、相手を威嚇《いかく》するためだと聞いたことがある。そして、斑点《はんてん》がある熱帯魚はまるでその斑点を目のように見せ、本来の小さな目を守っているとも聞いたことがある。

いずれにしても、目を守るためのサングラスなのか、相手を威嚇するためのものなのか、隠れ蓑としてなのか、あるいはファッションとしてなのか。それはかける人がどのような目的かに任せればいい。

ただ、どうせかけるなら自分に似合ったものを選びたいものだ。僕が薦める眉を出し過ぎないサングラスを選び、試してみてはどうだろう。

43 成功に必要な4つの条件

2018年9月初旬、僕の友人でもあるヤマノビューティメイトグループの代表取締役社長、山野幹夫の50歳のバースデーイベントに招待されて行ってきた。節目のパーティだけあり、出席者は錚々《そうそう》たる人たちだった。右を見ても左を見ても、いまをときめくどこどこの会社の誰々。あるいは、古くからある会社の誰々。なるほど、彼が可愛がられていることがうかがえる。古い人も新しい人も同じように大切に接する、それが彼の素晴らしさでもある。

彼との付き合いはもう長い。彼が30代のときに知り合い、共に人生を歩いてきた仲だ。僕は彼に対し、いつのまにか自分の弟のように接するようになった。とはいえ、そこまでの関係を築く道のりはけっして順風満帆ではなかった。僕にいわせれば、彼の性格を理解するまでにはある程度の時間や忍耐も必要だった（彼から見ればお互いさまなのだろうが）。

しかし、それを越えられることができたのも、彼の素直な人間性があったからだと思う。そして、ある人からの助言もあった。

「郷さん、ミッキー（山野幹夫）はまったく悪気のない人間。とても正直に人生を生きているんです。それを郷さんが理解し、受け入れてあげればいいだけです」、と。

僕は目から鱗《うろこ》が落ちた。自分勝手に解釈していた自身が情けなくなった。僕はそういわれたときから、そのように心がけた。そうなのだ、僕が彼という人間を受け入れられればすべて解決するのだ。そうなればメールの返信が遅かろうが、電話のコールバックがなかろうが、時間に遅れてこようが腹も立たない。彼を理解してあげればいいだけだ。とはいえ、そんなことを思える人間はじつは数えるほどしかいないのではないか。理解したいと思うような人間はそう簡単には見つからないと思う。

ミッキーのバースデーパーティの主賓《しゅひん》席に幻冬舎の見城徹社長がいた。彼とも旧知の仲で、長い付き合いになる。しかし、そうなるまでにはこれまた紆余曲折があった。お互いに葛藤があった。僕たちはそれを乗り越え、今日の間柄になっていると僕は思っている。だからこそ、いまとなっては互いにはっきりとものをいい合うことができる。ただ、周りの人が僕たちの会話を聞いていたときには、「見城さんにそこまでいえるのは、ひろみさんぐらいだよ」といわれるが。

その見城徹がいつもいっていることは、人生で大切なことはGNO。つまり、「義理」と「人情」と「恩返し」だそうだ。

僕的に彼を分析すれば、本音で生きているというのはありきたりな表現で、プリズム的に人間や物事を解釈する人だと思える。つまり、普通の人間であるなら、表面的というか、ある一方的な方向、あるいは反対方向からでしか見えないものを、屈折、分散、乱反射させ、つねに多角的に物事を読み取ろうとする貴重な存在のような気がする。

見城徹という人間は利害という損得では動かない。だから、あれほどはっきりとものがいえるのではないか。

「俺はおまえが好きじゃないんだよ。もう電話をかけてこないでくれる?」と、ある大企業の社長にいったと本人から聞いた。「えっ!? それを本人に直接いったの?」、と僕は尋ねた。「そうだよ」、と彼はいたって平然といっていた。

すばらしい経営者とはなんだろう？

一つには、危機管理体制を事前に取れることのできる人ではないかと思う。マグニチュードの大きさは誰にも予想がつかないだろうし、わからない。だからこそ、リスク管理の基本、その重要性を理解し、それを把握し、その大切さをおさえておくことができる人ではないだろうか。

そしてもう一つ、経営者には、目の前にあることに本当に価値があるのかどうか、それを見極める目も要求されるのではないだろうか。根本的に価値がないのに、いかにも価値があるように見せかけるものは世の中にはたくさんある。その真偽をしっかりと見極めることも不可欠とされると思う。

いまから二十数年前、僕のショーが始まってすぐに雷が落ちてステージが停電し、突然音が途絶えた。しばらくして僕のマイクだけが復旧し、僕は20分間ほどしゃべり続けた。スタッフからは一度引っ込んでくださいといわれたのに、どうしてそんなことをしたのかはわからない。きっと、会場まで足を運んでくれた人たちを退屈させたくなかったからだろうと思う。

さらに数年前には、あるイベントで歌っている最中にいきなりスピーカーから音が出なくなったこともあった。そのときも僕はしゃべり続けた。笑いを交えながらスピーカーが復旧するまで、約20分話し続けた。

僕はたくさんの経験のなかから、何かが起こったときに、何が必要なのかということを判断することの重要性を知った。

人生で成功するには必要なものが4つあると僕は確信している。〝感謝〟〝勇気〟〝コミットメント〟、そして〝運〟だ。

このうちのどれが欠けていても成功者とはみなされない。この4つがすべて備わっていて、かつそれらが絶対的に強いものでなければならない。これらが中途半端にあっても大成功はしない、と僕は思っている。

感謝できるからこそ、謙虚に受け止められる。勇気があるからこそ、躊躇してもそれを上回る力で恐怖心を塗りつぶしていける。コミットするからこそ、全力で打ち込み続けられるからこそ、得られるものがある。そして、強力な運があるからこそ、何が起ころうがすんでのところで切り抜けていけるのではないだろうか。運に助けられたからこそ、人は感謝し、謙虚になれるのではないだろうか。

人生で大成功する人たちには、この４つが円のように必要不可欠に巡っていると僕は思っている。

44　物に執着心を抱かない

先日、あるテレビ番組のインタビューで、いままでに何回引っ越ししましたか、と尋ねられた。正確な回数は覚えていないが、生まれてから30回は超えている気がする。僕の父親が国鉄職員だったこともあり、転勤が多かった。本人が望んで転勤したこともあるだろうし、望んではいないこともあったはずだ。

父親は自身の持ち家を持たずに85歳で他界した。約4年前のことだ。僕がデビューしてからもそうだが、その前からも、自分の家を持つことに興味があったようには思えない。国鉄職員で、まして東京都内に自宅を持つことなどは、夢のまた夢だったのだろう。

僕が小学校5年生のときに、我が家で自家用車を持とうということになり、家族4人で車の販売店に行った。初めてのマイカーは、トヨタのカローラだった。当時の父親にしてみれば、自分の車を持つのは大変なことだったのだろう。そもそも国鉄職員でマイカーを持つなど、高嶺《たかね》の花だったのかもしれない。

販売店にあった車は外装が白、内装は黒で、僕はその助手席や後部座席に座り、新車特有の香りを体いっぱいに吸い込んだことを覚えている。

こんな凄い車が我が家に届くんだ！　小学校5年生のわりに体の小さな僕は、カローラが小さい車とはまったく感じなかった。車そのものが、当時の僕には充分に大きく見えた。

帰り道、僕はうれしくて母親の腕にすがり、「いつカローラは届くの？」と訊いた。しかし、母親の口から出た言葉は、「車は買わない…」だった。父親は黙って前を向き、妹の手を握りながら歩いていた。

おそらく、「車は買わない」ではなく、「車は買えない」だったのではないか。車のローン、ガソリン代、駐車場代などを算出したり、あれこれかかっている毎月の出費を考えたりして、結局はあきらめざるを得なかったのが実情だったのだろう。

店員と両親のやりとりを聞きながら、僕は何気なくそれを感じていたのではないかと思う。販売店を出てから母親の腕にすがる前に、自分たちが住む国鉄官舎の外観を頭のなかに描きながら、本当にあの車が我が家に来るのかな…、そんなことを心のなかでつぶやいていた気がする。それでも、僕はどこかでそのネガティブな考えを払拭《ふっしょく》するように、車はいつ来るの？　などと無責任に尋ねたのだ。

とはいえ、車の購入はやめにしたという話を僕は聞きながら、その反動で大きくなったら車を買うぞとか、絶対に持ち家に住むんだなどという気持ちは持たなかった。そこら辺は僕も父親に似たのか、あまり自身でなにかを持つことに強い執着心を抱くタイプではないようだ。

その一方で、最終的には僕の考える理想的な持ち家があれば、自分にふさわしい家があればいいんだろうなとは思っている。ただ、僕は一軒家に興味がない。一軒家を持つことの大変さを身をもって知っているからだ。

僕は葉山に別荘を持っている。それが一軒家だ。一軒家を持つ以上、基本的にこれは毎日行ったほうがいいだろうなということを僕なりに考えてみた。じつにあれこれある。ゴミの始末、庭の掃除、使わない部屋の換気のための扉や窓の開閉、トイレやキッチンなどの水回りの循環、ガレージの掃除と開閉など、挙げれば切りがない。さすがに自宅から1時間かけて葉山まで行き、こういったことを毎日行うのは不可能だ。なので、これらのことを僕は管理してもらっている。これをお願いしないとカビは生える、建物は傷む、ドアの開閉はままならなくなる…。とにかく、いろいろな問題が出てくるのだ。いや、管理してもらっていても難事が湧いてくるのだから、そのじつ、一軒家に住んで手入れをするとなると厄介事はもっと勃発してくるだろう。

というこどもあり、住むならマンションがいい、と僕は決めている。そして購入するなら、都内の静かなところが理想だ。果たして、都内に静かなところなどあるのだろうか。僕は低層階のマンションが好きなので、10階以上の建物は完全に対象外で、ましてて住むとなれば5階以下がいい。それに天井が高く、部屋の一つひとつが大きく、場所や敷地は…、などと注文をつけると、かなり限定されてきて、自分の理想的な家を持つことはマンションでも難しくなる。でも、ないことはないだろう。

僕の記憶では、2000年に建築基準法の大改正がなされてから、今日まで大幅な改正はされていない。つまり、2003年の宮城県沖地震や、2011年の東北地方太平洋沖地震、2016年に起きた熊本地震以降も法改正は大きくされていないということになる。まあ、ちょっと楽観的に考えれば、大きな地震が来たとしても、ある程度の強度を保てるところまで耐震基準が強化されてきているのかもしれないな、などと思ってしまう。

家を買うなら東南の角などというが、本当にそうだろうか？　日当たりが良ければ、暑い夏の2か月間ほどは冷房の利きが悪いのでは…？　そういえば、ある人がいっていた。南向きの日当たりのいい部屋はやめたほうがいいですよ、レースのカーテンで窓を遮光しようが、冷房がまったく利かないので、と。

じゃあ、遮光性の高いカーテンにしてずっと閉めておけば、という話になると、なにも南向きでなくてもいいのでは、となる。

僕自身、いまでも物欲が自身を向上させるとは思っていない。家を持つこと、車を買うこと、あるいは海外に住むこと、そういったことが僕の〝夢〟にはならない。なので、自宅は賃貸であろうが、そうでなかろうがあまりこだわりはない。

しかし、場所、間取り、築年数、すべてが僕の条件を満たしてくれるところがあれば、それは僕が持つ最後の家になるのだろうな、などと思っている。つまり、それが最後の持ち家の購入になるのだろう。

45　音楽は聴き続ける

僕が20代のころ、日本で公開されてすぐに映画館へ足を運んだのは、ジョン・トラボルタ主演の『サタデー・ナイト・フィーバー』だった。この作品でジョン・トラボルタは一気にスターへの階段を駆け上がった。

そして日本でその映画を観た1～2週間後に、今度はアメリカ西海岸のロサンゼルスにある映画館で、同じ『サタデー・ナイト・フィーバー』を僕は観ていた。ただ、日本の映画館での観客の反応と、アメリカの観客のそれとでは、同じ映画であるのにまったく違っていた。その差異に僕は心底驚いた。ロサンゼルスの映画館で目にした光景は観客が熱狂的で、ビー・ジーズの曲で立ち上がって一緒に歌いだし、サウンドに合わせて体を動かしていた。まるでコンサートだった。

映画館で観客が歌い踊るのを観たことがあるだろうか。いくらアメリカ人が陽気といわれているとはいえ、すさまじかった。70年代という時代背景もあるのだろうが、超満員の映画館がコンサート会場のように揺れていた。
あの映画が公開されてから、すでに40年以上の歳月が流れている。

人はどうして音楽を聴くと体を動かし踊りたくなるのか。それは、人間誰しもが持っている、〝音楽を聴いて、楽しむ〟能力があるからという。好きな音楽を聴くことで脳が元気になるホルモンが分泌されたり、新しいアイデアも次々に生まれたりし、脳は心地よい状態を保つのだそうだ。きっと、そこから得られるエネルギーは計りしれないのだろう。

音楽が人間の行動や深層心理に、大きな影響を与えると耳にしたこともある。僕たちにそれぞれの人生を思い出させることもあれば、楽しさを単純に味わわせてくれることもあるからだろう。

スローナンバーではいろいろな物語を語りかけ、静かに自身の世界に浸らせてくれる。バラードを聴くと心が癒やされたり、幸せな気持ちになったり、ときには涙していたりということもある。あるいは、囁きかけるようなイントロを聴いただけで胸がいっぱいになり、その世界にどっぷりと引きこまれてしまうことさえある。

そして、アップテンポナンバーでは脳が刺激を受け、興奮し、リズムに合わせて体を動かすという自然の欲求を生む。

こうした反応は歌を聴かせる立場の僕も同じで、アップテンポナンバーでもスローナンバーでも、僕の体はビートを感じながら勝手に動いている。


人にはそれぞれの音楽の楽しみ方がある。ただ、人間には感情があるので、会場に直接音楽を聴きに行けば、より一層その感覚は敏感になるのではないか。単純に音楽を聴きに行っているのではなく、自身もその場に加わっているという参加者意識が自然に生まれ、感動や気持ち良さはより一層高まるのだろう。じっと席に座って音楽を聴いているよりも、自然に体が動いてしまう。つまり、生の音楽が人々の感情を左右するからだと僕は思う。だからこそ僕たちは、直接的な音楽を聴く機会を望むのかもしれない。自分自身がテレビなどではけっして味わうことができない、生の音を聴くことでの気持ちの高ぶり、それを感じたくて会場に足を運ぶのではないだろうか。

僕は毎年行われる全国ツアーで、会場へ来る人たちに音楽を聴く機会を提供する。会場へみえた人たちへ感動を与えることが、ステージで音楽をやることの意味だと僕は思っている。

コンサートの最中に、僕の歌を聴きながら頭や体を動かしたり、あるいは僕と一緒に歌を歌ったりしている人を目にすることがある。

「そんなに楽しんでくれているんだ」

それはその人がやりたくて、人に見せたくてそうしているのではなく、スピーカーから流れる僕の歌を聴き、ごくごく自然に体が動いてしまうのではないかと思う。その光景を見ていると、こちらまでその楽しさが伝わり、さらに僕の喜びは倍増する。

いまからおよそ30年前に、舞台『オペラ座の怪人』をNYで観た。ロンドンに続き、ブロードウェイで開幕してからわずか数週間しか経っておらず、主要キャストがオリジナルメンバーという最高の舞台だった。

印象的だったのが、怪人がクリスティーヌを連れ、オペラ座の地下を走る水路を、小舟で渡りながらやってくるシーンだ。その場面の最後では、歌い終わった二人へ送る拍手が1分間ほど鳴りやまなかった。1分間もだ。彼らの歌にあまりに感激した観客は、ステージ上の怪人とクリスティーヌに対し、賞賛、感動、敬意といった気持ちを拍手で伝えていたのだろう。曲のあいだ中に抑えていた観客の感情が、曲が終わった瞬間に一気に爆発した感じだった。その割れんばかりの拍手が鳴り止むまで、ステージ上の彼らは次のシーンには移れなかった。幕の途中なので、その観客に応えることもできなかったのだろう。客席から送られてくる拍手の嵐を、ただただ、前を向いたまま浴びていたことを覚えている。拍手や喝采なども素晴らしい歌を聴いたときに起こる、純粋な人間の反応ではないだろうか。

本来、音楽は体の動きを伴うもので、聴いているだけでつい〈リズムを取りたく〉〈体を動かしたく〉なる。音が脳を興奮させ、メロディーやリズムに合わせて体を動かしたいという衝動を生んだり、それぞれの物語を人々に伝え、内面から感情を揺さぶったりするからだろう。

こうして僕自身、音楽に触れた生活を始めてから48年の月日が流れた。そしていま、思うことは、音楽と体の動きはけっして切り離すことができないということだ。音楽を聴くからこそ体のなかにビートが生まれ、ビートを感じるからこそ音を楽しむことができる。

僕は、それが音楽の素晴らしさだと思っている。

46 経験に勝るものはない

レオナルド・ダ・ヴィンチによって描かれた『最後の晩餐《ばんさん》』は、誰もが一度は目にしたことがある名画だ。その絵には、キリストが12人の弟子たちとの夕食時に起こった出来事が描かれている。そのとき、キリストは、「このなかには裏切り者がいる」と自分の死を予言したという。その食事では〝ワイン〟と〝パン〟が振る舞われ、まさにそれがキリストの最後の晩餐になったのだ。

僕はインタビューで何度か訊かれたことがある。

「もし、明日が地球滅亡の日になるとしたら、最後に何を食べたいですか？」と。

僕は、「美味しい〝ワイン〟と〝チーズ〟」と答えた。

僕は、バッグのなかにいつもチーズの本が入っているほどのチーズ好きだ。その本を見ているだけで満足する。食べた気になるのだ。

意外とチーズの効能は知られていない。

じつはチーズは栄養が豊富で、チーズ20グラムで牛乳200ミリリットル分の栄養が摂取でき、牛乳に含まれる主要成分が凝縮されている。チーズは牛乳に含まれている乳糖が製造工程でほとんど除かれるので、チーズを食べてお腹の調子が悪くなる心配は少ない。そして、タンパク質も多く含まれ、体内で生成できないいくつかのアミノ酸もバランス良く組み込まれている。カルシウムも充分に含有され、タンパク質と結びつくため体内に吸収されやすい。

さらに、チーズはビタミンB_2を多く含んでいるので、コレステロールや中性脂肪を減らす作用があるという。なので、糖尿病、あるいは肥満防止にも効果的なのだ。一見、チーズは脂肪分が多そうに感じるが、じつはその逆で、ビタミンB_2を含んでいるため速やかに体内に吸収され、エネルギーに変わるので太る原因になりにくい。つまり、食べすぎなければいいということだ。

僕は好んでチーズとドライフルーツを一緒に食べる。特にドライフルーツのなかでも、デーツが大好きで、これがチーズとはとても相性がいいのだ。とはいえ、最もチーズと相性がいいのは、〝ワイン〟だと思う。

いまから14年ほど前、僕は友人とラスベガスのベラージオというホテルにある、『Prime』というステーキハウスへ行った。

ワインはひろみさんに任せるので、というので、僕は男性のソムリエから渡されたワインリストを矯《た》めつ眇《すが》めつしていた。しばらくして、何かご希望のものはありますか、とそのソムリエが訊いてきた。いつもなら自分で選ぶのだが、そのときはソムリエに任せることにした。そして、好みのワインを伝えた。ボルドー系統で、葡萄の種類はブレンドでもいいが、基本的にはカベルネ・ソーヴィニヨンが好き、どちらかといえば、重めのものを好む、などと。

そのソムリエが薦めてきたものが、『ボンド』という、そのときはまだ聞いたことがないワインだった。カリフォルニアの『ハーラン・エステート』の兄弟ブランドになるワインということだった。

僕は『ボンド』を一口飲んだときに、こんなに美味しくて、リーズナブル（いまではけっこうな金額になっていると思うが）なワインがあるんだと思った。色、香り、味、すべてに僕は満足した。

3日後、僕はラスベガスからNYへ飛んだ。そこで片っ端から『ボンド』を手に入れるために時間を費やした。『ボンド』には忘れられない香りと、また飲んでみたいと思わせるほど僕を虜《とりこ》にする美味しさがあった。ただ、残念ながら、数日間のNY滞在で6本ほどしか手に入れることができなかった。あちこちのリカーショップを探しても、なかなか『ボンド』を置いているところがなかったのだ。


『ボンド』は、カリフォルニアのナパ・ヴァレーに『ハーラン・エステート』を所有するビル・ハーランのブランドの一つだ。造り手のビル・ハーランは『ハーラン・エステート』ではボルドースタイルを、『ボンド』ではブルゴーニュスタイルを目指したというが、僕的にはカベルネ・ソーヴィニヨンが100%と聞いただけで、重めでしっかりとした味わいを持つ、よりボルドーに近いワインのような気がするのだ。

『ボンド』には、5種類ある。

『Vecina（ヴェシィーナ）』

『St. Eden（セント・エデン）』

『Pluribus（プルリバス）』

『Melbury（メルバリー）』

そして、『Quella（クェラ）』。

『ボンド』のどのワインも、『ハーラン・エステート』を彷彿《ほうふつ》させ、エレガントだがスリリングな気持ちにさせてくれる。

じつはもう一つ、『Matriarch（メイトリアーク）』というワインがある。『メイトリアーク』は、単一畑から様々なワインをリリースする『ボンド』のなかで、唯一複数のヴィンヤードの葡萄をブレンドして造られた、とても優れたバランスで、飲みやすいものに仕上がっている。


ワインを知るとよく出てくる言葉が、『テロワール』だ。これをひと言でいい表すのは難しく、葡萄が育つための環境である「気候」「土壌」「場所」などの特徴を示して使う。特に葡萄は土壌にとても影響を受けやすい果物であると聞く。

暖かい気候であれば糖度は高くなり、アルコール度数は上がる。逆に寒い気候では糖度は低くなり、酸が強くなる。つまり、酸味の利いた葡萄ができるということだ。なので、テロワールの違いがワインの違いにつながり、それが葡萄の個性ということになる。

人間が才能豊かに、そして個性的に育つには何が必要なのだろう。『環境』『友人』『読書』『経験』『家族』『先生』、挙げればきりがないのだろう。

ワインが熟成していくように、人も年齢と共に円熟味が増してくるといわれる。やはり、それには年月が必要なのだろう。そして、経験に勝るものはないのかもしれない。

47 仕事には心を込める

いまから15年ほど前に、NYではトップシェフといわれているジャン＝ジョルジュ・ヴォンゲリスティンご夫妻たちと、マンハッタンの有名なレストランへ行った。ここは、マリオ・バターリというアメリカでも高名なシェフがプロデュースするレストランだった。

僕たちはメインダイニングに通された。さすがジャン＝ジョルジュと一緒なので、出てくる料理も他のテーブルとは違いがわかるほど豪華だった。とにかく、あれやこれやと驚くほどの品数と最高に美味しい料理が運ばれ、僕はその一皿一皿の料理に舌鼓を打った。前菜のポルポ・サラダ（とても柔らかいタコが豆などと和えてある）、クルード・テイスティングという6種類の一口サイズの超美味な刺身状態の魚介類。これは、シェフがその日の魚の仕入れ具合で、6種類のオリーブオイルと20種類の岩塩のなかから、それに合うものを吟味し用いている。

パンは僕の大好きな、イタリアのチャバッタ。これをここのオリーブオイルで食べると、パンに伸びる手が止まらなくなる。

そしてパスタは、クリーミーソースで、雲丹《うに》が和えてある、ブカティーニという管状のものを僕は選んだ。

お腹はいっぱいだったが、ジャン＝ジョルジュに促されて、メインディッシュは魚を頼んだ。鮭の仲間でアークティックチャーというものだが、これがまた美味なんてものではなかった。柔らかくて、火の通し方が抜群。ミディアムレアがシェフのお薦めだったので、それでお願いしたが、魚の身が口のなかで溶けていくあの感覚はいまでも忘れられない。

美味しいワインに、抜群の料理。僕は絶対にこのお店を自分のリストに入れようと秘かに心のなかで誓った。


そして、翌週、僕は電話で、2週間先のディナーの予約をお願いした。しかし、「5 or 10?」と訊かれた。つまり、17時か22時しか席は空いていないといわれたのだ。プライムタイム（20時から）はダメということだった。僕は、よほどここで、「先日ジャン゠ジョルジュと一緒に伺った者ですけど…」といおうと思ったが、それはやめにした。そういっても、電話に出た人にはわからないだろうと思ったからだ。僕は5時でお願いした。

予約したその時間に行ってみると、すでに店内の席はほぼ埋まっていた。しかも、通された席は、メインダイニングからはほど遠く、最もトイレに近い、ある意味一番下のランクになるのだろうと思われるテーブル席だった。もちろん、僕は「席を替えてくれますか？」などとはいわず、すべてを受け入れた。

その日、僕はレストランにあるワインリストから、高そうなワインを注文した。お店の人間に自分のことを印象づけたかったのだ。そしてしっかりとメニューも吟味して、ジャン゠ジョルジュと訪れたときとは違うものを食べた。あれこれ違うものをその都度食べ、最終的にここではこれが美味しいと判断したかったからだ。僕は料理に大満足した。そして、通常僕は20％のチップを置くが、そのときは30％置いた。それを見たときのウエイターの微かな反応を僕は見逃さなかった。なるほど、地獄の沙汰も金次第とはよくいったものだ。

次に予約したときも同じように、「5 or 10？」といわれた。僕は5時に甘んじた。ただ、前回と違っていたのは、トイレに一番近い席から一つだけ繰り上げられていたことだ。そして、僕は前回と同じように高いワインを頼み、最後に30％のチップを置いた。

こうして何回も訪れるうち、席は徐々にメインダイニングへ近づき、気がつけば僕はメインダイニングに座っていた。

そして、いつのころからか、「これはシェフからです」と頼みもしていない、その日のお薦めであったり、デザートだったりが届くようになった。

ついにはある日、そのレストランのオーナーの一人であるサイモン・ディーンから、「ひろみは事前の予約はいらないので、いつでも来たいときにここの番号に電話をしてもらえる？」と電話番号が書かれた紙をもらった。要するに、それはVIP専用回線の電話番号だったのだ。僕は、「なるほど、NYのレストランにはこうしたVIP専用の電話番号があるんだ」ということを知った。

つまり、NYのレストランは日本のものとは違い客席数が多いので、なんとかお客様をねじ込むことができるのだ。

しかし、これが日本ではそうはいかない。なにせ席数が限られているところがほとんどだし、カウンターでも10席もないようなところは、無理を通すことなど不可能だ。なので、残念ながら日本で行きたいと思っても、美味しいレストランは数か月先の予約しか取れないところが多く、なかなか難しい。


僕が最長の予約待ちをした店は、いまから数年前の4月、知人に連れていってもらった日本の寿司店だった。あまりの美味しさに驚いて、次の予約をお願いした。そして、「11月ならなんとかなりますが」といわれた。

「了解しました。では、それでお願いします」と僕はいった。しかし、これはその年の11月ではなく、翌年の、つまり1年半後の11月だった…。

そんな先の、しかもお寿司屋さんのスケジュールを予約したのは後にも先にもない。

ちなみに、そのお店は、いまは最長で4年待ちの方がいらっしゃるということだった。

料理が、客が驚くほどの美味しさを備えるには料理人の腕やセンスの良さ、食材の素晴らしさに加えて何が必要なのだろう。それは、料理人が〝心を込める〟ことではないだろうか。足を運んでくれたお客様だけに感謝の気持ちを持つのではなく、食材に敬意を払い、使っている包丁や食器を大切に扱う。それが美味しさをさらに高めるのではないだろうか。

僕の仕事と共通するものを感じずにはいられない。

48　父から感じたこと

僕の父は4年前に他界した。

僕はお正月休みでハワイに1週間ほど滞在していて、父の訃報を聞いたのは羽田空港で税関を通過し、外に出たときだった。息を引き取ったのは、僕が機上にいた、羽田に着く数時間ほど前だったそうだ。

残念なことに、母も妹も父の臨終には間に合わなかったらしい。容態の急変を聞いて駆けつけたときには、すでに帰らぬ人となっていたということだ。

父は亡くなる数年ほど前から都内の施設に入っていて、ある意味手厚く介護されていたので、まったくといっていいほど苦しまずにこの世を去った。

父が亡くなり、しばらく経ってからだったと思う。何かのときに、父の戸籍を初めて見て、僕は驚いた。

父は4歳のときに自分の父親を、23歳のときに母親を亡くしていた。僕が生まれる前に父方の祖父母がすでにいなかったことは聞いていたが、あらためてその事実を目の当たりにすると、若いときに両親を亡くしていたことに僕はショックを受けると同時に、それを平気で受け止めていた父の姿を思い浮かべ、涙で戸籍謄本《こせきとうほん》を手にしたことを忘れない。

自身が若いときに親を亡くすとはどういう気持ちなのだろう…。幼子を抱えて、夫を失う妻の心境はどうなのだろう…。いろいろなことを想像し、僕は勝手に父に寄り添う気持ちというか、同情心のようなものを持ったことを覚えている。

僕が4歳のときに、父の転勤で、僕たちは家族4人で福岡から東京へ引っ越してきた。およそ60年前の話だ。

東京で最初に住んだところは、大田区仲六郷にあった国鉄の官舎だった。官舎とはいえ、鰻の寝床というか長屋のようなところで、その廊下の幅は大人が両手を広げると、届いてしまうのではというほどの狭さだったと記憶している。

それから約2年後。僕が小学校1年生のとき、今度は大井鎧町（当時はそう呼ばれていた）の国鉄官舎へ引っ越した。その官舎内には小学生が20人ほどおり、学校が終わってからは、官舎に住んでいる1年生から6年生までの子どもたちが、毎日のように一緒になって遊んでいた。

ビデオゲームもなければ当然YouTubeもない。自分たちで工夫して遊ぶのだ。いまのように建物と建物がひしめき合っているのではなく、空間もあり、時間もゆっくりと流れていた。学校を終えて自宅へ戻ってきてから、僕たちは官舎の前の原っぱで三角ベースと呼ばれる変則的な野球を楽しんだり、あるいは、べい独楽《ごま》の取り合いに一喜一憂したり、雪が降ればかまくらを作ったりと、まさに古き良き時代のアナログな遊びに興じていた。

なかでも、僕がけっして忘れることのできない遊びは、小学校1年生のときに覚えた缶蹴りだった。注意力や足の速さが大事な缶蹴りで、一番年下の僕は不利だった。いつも鬼をやらされていた記憶がある。

これが何回も続くと僕はつまらなくなり、ゲームを放り出してみんなが隠れている最中に家に戻ってしまう。しばらくすると、僕の家の小さな庭に、背の順に子どもたちが横一列で並び、僕が大好きだったNHKの『チロリン村とくるみの木』、という人形劇の主題歌をみんなで歌い始める。クルミのクル子に僕がよく似ていたらしい。目が大きく、ひろみとクルミ、似ていなくはない。それもあったのだろう。大合唱だ。自宅に戻っていた僕は、性懲りもなくみんなの歌声に誘われて家から出ていく。そしてまた缶蹴りに加わる。

その大井鎧町の国鉄官舎を離れ、今度は川崎市の尻手《しって》駅からバスで15分ぐらいのところに引っ越した。父の勤務場所が尻手駅になったからだ。僕が小学校2年生ころだと思う。

そのころ、父が勤務していた尻手駅の駅員の方たちの懇親会が、あるところで行われた。室内で行われたバーベキューのようだったと思う。会の冒頭で、寄付などをいただいた方たちを、駅長や助役がご紹介していく。

母はこの会へ出席する前に、何度か父に確認を取ったようだ。何か持っていくものはないのか、あるいは子どもたち（僕と妹）を連れて行ってもいいものか？　など。

父は何も持っていくものはない、家族で行くことも問題ない、すでに駅長に確認は取っているし、その分の積立金も払っている、と。ところが行ってみれば、家族で来ていたのは僕たちだけだったらしい。しかも、何も持ってきていない。母はいたたまれなかったという。父を見れば、騙されたという思いがあったようだ。すでに父は我慢の限界で、顔色も顔つきも変わっていたらしい。

というのは、じつは父は短気で、僕とは違いとても心の熱いところがあった。じっと我慢をして、最後まで堪え忍ぶということはなく、ある程度の限界を超えたときには、感情を表に出してしまうのだ。

そして、ついに父は爆発した。バーベキュー台をひっくり返し、逃げる駅長を押さえつけ、くってかかったようだ。

晩年、父は典型的な好々爺《こうこうや》にしか見えなかった。その気の短さは、跡形もなくどこかへ消えてしまったように、片鱗《へんりん》を見ることさえなかった。

僕に父のその性格は、受け継がれなかったようだ。ただ、ときどき思う、あの父の熱さが僕にあれば良かったのに。もしあれば、僕もまた違う人間になっていたのでは、と。

父親の存在意義とはなんだろう。

それは、子どもたちがどのように感じるかによって、違ってくるのではないか。

ただ単にお金を稼いでくるだけの人ではない、恐いだけの存在ではない、監督するだけの人でもない。そこにいるだけで、じつは大きな役割を果たしているのではないだろうか。

49　意志を通す心構えを持つ

『Rosen Hemden』という僕がプロデュースするジュエリーブランドが２００６年にスタートして、すでに13年が過ぎた。ジュエリー業界では、芸能人のプロデュースで、10年以上もブランドが存続することは、本当に稀《まれ》だという。なので、これは自負していいのだろう。しかし、その反面、「だからそれが何…」という気持ちも僕にはある。

これまで続けてこられたこと自体が幸せであり、手にしてくれる人の顔を思い浮かべ、真面目に物作りに邁進《まいしん》してきたからかな、そして僕の歌とジュエリーを結びつけ、毎回毎回モチーフをはっきりさせ、真摯に取り組んできたからかなと分析する。つまり、当たり前のことを、こつこつやってきただけであり、気がつけば、それがいつのまにか積み上がってしまっただけという気持ちだ。

僕が小学校1年生のころ、父親の転勤で大井鎧町に引っ越した。僕のそのころのあだ名は、クルミだった。

そして、僕にはもう一つあだ名があった。赤シャツ、だった。僕は母親から、よく赤い色のシャツを着させられていた。昭和30年代といえば、赤いシャツを着ている男の子などまずいなかった。赤は、女の子の色と決まっていたのだ。

ところが、僕の母親にはそんな世間が持つ既成的な概念はまったくない。我が道を行く、そういうタイプだった。確かに、そういった考えは他人には理解しがたいことでもあるのだろうが、その鉄のような芯の強さは感嘆に値すると僕は思っている。

「裕美（僕の本名）には絶対赤が似合うのよ。赤い色が、あんたの顔をより華やかにするのよねえ。だから、これを着なさい」といって、赤い色のシャツを僕に着させていた。

僕自身、なぜその赤い色を着ることに抵抗しなかったのか、よく覚えていない。というか、まだまだ赤い色に抵抗を示す年齢でもなかった気がする。いや、たとえ抵抗したとしても、それは火に油を注ぐようなもので、母親をさらに勢いづかせてしまうことになりかねない。スパルタ教育の僕の母親には口答えなどできるはずがない、と幼いながら思ったのかもしれない。

考えてみると、父親はその反動で無口になった気がする。ある時期から、父親は母親にいわれるがままになった。黙ってうなずくだけか、下を向き笑いながら、首を横に小さく振るだけになった。もし父親がひと言でも返そうものなら、１００倍になって返ってくること間違いなしだ。大変なことになるのを本人が一番わかっていたのではないか。だから、すべて飲み込むうちに、聞き流すうちに、無口になったのではないだろうか。母親は、「あんたは、しゃべらないからねぇ。もっとしゃべりなさい。じゃないと、ボケてしまうよ」、などといっていたが、父親が何か話し始めても、それをすべて母親が横から取ってしまうのだ。だから、しゃべらない方が得策だった、と僕は思っている。

「おっ、赤シャツが来た！　おーい、赤シャツ、赤シャツ！」、遠くからでも僕が着ている赤いシャツは目についたようだ。よくからかわれた記憶がある。

「お前、赤かよ!?」、などと近づいて僕に向かって驚きを示す男の子もいた。男の子が赤い色のシャツなどを着ることに、よほど驚いたのだろう。

とはいえ、そういう驚きや揶揄《やゆ》に、別段僕が嫌な気持ちになったこともない。つまり、自分に合ったものを母親が選んでくれた、だから赤い色のシャツを着ることが最善のことと素直に受け止めていたのだ。

考えてみると、今日の自分がこうして存在しているのも、その母親の血を多く引いているからという気がする。自分が心地よいと思えば、人からなんといわれようが、自分の考えを通すことが大事、ということを知った。あるいは、心地よくなかろうが、将来の自分にはこれが必要になってくると思えば、我慢して身につけることもある。それも学んだ。つまり、人がどう思おうが、自身が正しいと判断したら、その意志を通すだけの心構えと、強さがなくてはならないのだということを。

僕が決断を下す理由は数の多さではない。かりに、１００人中99人の人がAを選んだとしよう。だから僕もAがいいのかも、とAを選ぶのではない。その逆、99人の人が選んだから、奇をてらってBを選ぶのでもない。自分が選んだものが99人の人と考えが一緒だった、自分が選択したものが、たまたまBという1人しか選ばなかったものだった。それだけのことだ。場の空気を読むことは大切だが、つねに基本は自分の考え方であり、他人の顔色をうかがうことではない、と僕は思っている。

『Rosen Hemden』というブランドを始める前に、ブランド名を僕自身が考えなければならなかった。試行錯誤したあげく、「そうだ！　赤シャツはどうだろう？」という考えが浮かんだ。

郷ひろみがこうして存在していることは、母親の影響が大きく、いまの自分の考え方がこうしてあるのも、小さいころからの母親の教えが僕を左右していると思ったからだ。

ドイツ語でRosenは深紅の、Hemdenはシャツという意味だ。

いまの自分があるのは、あのころ着ていた赤い色のシャツの自分がいたからだ。重いランドセルを背負い、大井町の山中小学校へ近づく僕にかけられた、「おーい、赤シャツが来たぞ！」という声、赤いシャツを着て一人で商店街を歩き、同級生の女の子から、「赤シャツくん」と声をかけられ、てれくさそうにはにかんでいた僕。たくさんの場面と声が僕の頭のなかを過《よぎ》った。

赤シャツがオリジナリティを大切にすることの尊さ、人と違うことがあってもいいんだ、それが大切なこともあるんだ、そういったことを知るきっかけを作ってくれた。それは間違いないのだろう。

50 ハワイでしか得られないものがある

僕が初めてハワイを訪れたのは、１９７１年だった。ロサンゼルスからの帰りにハワイに立ち寄った。15歳の夏の終わりか、秋にさしかかったころだったと思う。

初のハワイ旅行で僕の心に残っているのは、初めて食べたサイミンと、一人で日本へ帰るときに乗った飛行機のなかでの、苦い経験だった。

サイミンとは、脂の浮いていない、とてもクリアなスープにちぢれ麺が入り、チャーシュー、ネギ、ナルト（が入っていた気がする）がその麺の上に浮かんでいる、ハワイのローカルフードだ。その生まれは、日系移民の家庭料理だったという説も聞く。日本風のだし汁に中華麺を合わせたのが始まりで、そこに各国の移民のふるさとの味がミックスされ、いまのサイミンに至ったらしい。

いまではハワイでも日本の美味しいラーメンが食べられるようなので、日本人にとってサイミン人気は以前ほどではないのだろうが、当時はヤムヤム・ツリーという名のレストランなどでも、人気を博していたメニューの一つだった。

とはいえ、ハワイに住むローカルな人々には圧倒的な存在で、ラーメンよりもやはりサイミンのほうが俄然人気があると聞く。

僕は初めてサイミンを口にしたとき、軽い衝撃を受けた。日本のラーメンを想像していたからだ。しかし、その味が記憶に残り、なぜか忘れられないものになる、という不思議な食べ物だった。

そしてもう一つの、いまでも忘れることができない飛行機のなかでの、その苦い経験について、だ。それはハワイから日本へ戻る、アメリカのエアラインの機内だった。当時まったく英語がしゃべれなかった僕は、客室乗務員が通路を通るたびに寝たふりをして、なにか尋ねられることを避けていたのだ。なにを訊かれても、まったく僕にはわからない。ハワイから日本に着くまでの9時間ほどを、毛布を被って眠ったふりをし、食事もパスすることを決め込んだのだ。

あの機内での思い出は、いまだに僕の記憶に深く残っている。毛布、小さな窓から見える雲、そして、美味しそうに食事をしている他の乗客たちの笑顔、すべて忘れることができない。

先日、久しぶりにハワイに行ってきた。仕事だったので、あまり長くは滞在できなかったが、ただ行きたいレストランなどは、日本を発つ前にすでに予約を入れていたので、それはそれで満喫できた。やっぱりいつ行っても、ハワイはハワイだった。

そのときに思ったのだが、ハワイには僕が初めて行った1971年から変わらずにあるものがある。そして、変わっているものもある。その相反するもの二つが共存しているのがハワイの良さなのだろうな、と思う。

ワイキキビーチは年々人が増えているとはいえ、基本的にはなにも変わらない気がする。

僕は初めて訪れたワイキキビーチで、小さな鮫《さめ》を捕獲した人がいたことを思い出した。もちろんそのビーチはいまでもあのときと同じようにある。

親鮫とはぐれて、珊瑚礁《さんごしょう》をくぐり抜けてワイキキビーチの一角までやって来たのだろう。子鮫を捕まえた男性は噛まれないよう、そのこめかみ辺りを器用に片手で摑んでいた。通訳の人が、こんなに可愛い小さな鮫の歯でも、カミソリと同じように鋭利で、噛まれれば人間の指などスパッと切れてしまう、と彼がいっていると教えてくれた。

ワイキキのメイン通りといわれている有名なカラカウア通り、そこも僕が初めて訪れたときとあまり変わっていない気がする。しかし、その通りにあったインターナショナルマーケットプレイスは大きく生まれ変わり、２０１６年にリニューアルオープンした。ただ、そこに昔からあった大きなバニヤン・ツリーはそのままだ。僕はその木を見上げ、これこそがワイキキの歴史であり、観光客や地元の人たちに心安らぐ場所として親しみを与えているのではと思った。

とはいえ、カラカウア通りを隔てて存在しているロイヤル・ハワイアン・センターなどは、当然あちこち手を入れたり、お店が次々に新しいものに替わったりしているのだろう。しかし、全体的には大きな変化はまったく見られない。逆にそれが僕の心を落ち着かせるのだ。

そして、ホノルル動物園の隣りにあるカピオラニ公園などは、まったくといっていいほど、僕が初めて訪れたときと変わっていない。

ハワイを日本人が好むのはなぜだろうか。

思うに、日本の夏よりはるかに過ごしやすい気候だからではないだろうか。湿度が低いので、日陰に入れば涼しささえ感じることができる。しかも、夜は気温が下がるので、時季によっては、寒さを感じることもあるほどだ。特にこの何年かは日本が猛暑なので、8月にハワイに行くことが逆に避暑になっているくらいだ。

そして、ハワイは基本的に日本からは距離が近い。日本から東に向けて吹く偏西風に乗れば、飛行機では6時間半程度で行ける。その分、帰りは少し時間がかかるのだが。

さらに、ハワイでは日本語が通用するところが多いのも人気の理由の一つのように思える。その上、適度にアメリカを感じられる。ショッピングも値段が安いかどうかわからないが、とにかく品揃えは豊富で楽しい。

もちろん、食べ物は美味しい。レストランもバリエーション豊かにあちこちに点在している。ハワイは太平洋の真ん中に位置しているだけに、各国の美味しい料理が混ざり、ハワイならではの食べ物になっているのが、僕たち日本人にはうれしいのではないだろうか。

今度はいつハワイに行けるのだろう。僕は日本へ戻る機内で、一睡もせずにその時間を楽しんだ。もう毛布を被って寝たふりをすることもない。

51　心を常に整理する

以前読んだ、『Steve Jobs（スティーブ・ジョブズ）』という本がある。その口絵に、1982年に撮影された、スティーブ・ジョブズがクパチーノの自宅で寛《くつろ》いでいる写真がある。

リビングルームらしき部屋に、ジョブズがカーペット一枚だけ敷いて座っている。その写真の下には、スティーブ・ジョブズは完璧主義過ぎて、なかなか家具が選べなかったと書いてある。

確かに、その一枚の写真からは、家全体でも家具が極端に少ない、無駄な物が何一つない、と想像できる。ある意味で、とても整理整頓されているようだ。必要最低限の物だけあり、使わない物は一切置かない、そして飾らない主義なのだろう、ということが写真から読み取れる。

人間誰しも、彼のように無駄を一切省きたいと思うことはあるが、なかなかそうはいかないのが現状ではないだろうか。人から贈られた物があれば、簡単に処分することはできない。読んだ本なども、手元に残しておきたいと思うこともある。小物もついつい買ってしまう。たとえ使わなくなっても、いつか使うときが来るのでは、と取っておく。

僕の自宅にも、これはもう使わないだろうなと思う物、あるいは数回ほどしか使わずに置いてある物が山ほどある。

早い話が、これらの物はなければないで、日常生活にまったく支障をきたすことはない。

でも、取っておく……。もちろん整理する時間もなかなか作れないし——これは言い訳なんだろうが——、それより、整理できない優柔不断な自分がいる。

整理整頓することは、つまり、断捨離をすることだと僕は思う。物が多くあれば、整理整頓自体がとても難しくなるだろう。しかし、やはり一念発起してやらなければならないのかもしれない。それが、引っ越しのときなのか、部屋をリニューアルするときなのかはわからない。

というか、いつ引っ越すかわからないし、永遠にその場所から引っ越さないかもしれない。

なので、とにかく日にちを決めて、使っていない物、今後も使わなそうな物は、そのときに、「まだ使うことがあるかもしれない…」という未練と一緒に潔く手放す、それしかないのだろう。これを行えば物が少なくなり、部屋数が少なくても問題はなくなる。

かなり現実的、合理的に考えてみれば、必要でない部屋が出ることは、いまより小さなところに住める、という利点が生まれる。そして、部屋数が少なくなるのだから、その分当然冷暖房費も抑えられるはずだ。

そういえば、物を少なくすることで、電気代を抑えられるという話を聞いたことがある。例えば、冷蔵庫内を必要な物だけにすることで、その分冷気の循環が良くなり、冷蔵庫にかかる電気代も安くなるという話だ。

やはり、物を整理することで、毎日の生活においては、かなりのメリットが生まれるということなのだ。それを頭に入れておけば、物を買う前に立ち止まって考え、「これは本当に必要なのだろうか…?」と自身に問うことができる。

僕は、どちらかといえば物に執着があるほうではなく、捨てること自体に、あまりためらいを覚えるタイプではない。できれば、物を購入する前に熟考し、いつか捨てることを想定してから手に入れればいいのだろう。そうすれば、ゴミを出す回数も圧倒的に減るのだろうが、なかなか、買う前にそこまで考えが及ばないのが実情だ。

物を整理することに関して感心するのは、ヘアーメークの人たちである。僕は職業柄、彼らと仕事をすることが多い。いまは全国ツアーの真っ最中でもあり、毎日のように彼らと仕事を共にしている。

僕が楽屋に入ったときには、すでにメーク台前に、きれいに整頓された、様々なメーク道具が並べられている。メークの人たちはこういった物を、自分のメークバッグなどから出し、コンサートが終われば、元あったところへと片付ける。確かに、プロだからなのだろうが、僕にしてみれば、どのようにして、種々雑多な物の出し入れをしているのだろう、と感心せざるを得ないのだ。

当然整理しているほうが、仕事がスムーズに、かつ的確に進むのだろう。

ちなみに、僕が移動手段として乗る機会が多いのは飛行機だが、特にＪＡＬのトイレは、とにかく美しい。そう、〝美しい〟という表現が当てはまるほど、いつ、どのタイミングで使っても、きれいな化粧室なのだ。それは、けっして飛行機が新しいからとかではない。機種が新しかろうが、古かろうが、いつもきれいにしているというのが、僕の印象だ。

おそらく、客室乗務員の方たちが、誰かが使用した後に、洗面台に水滴が残らないよう拭き取ったり、使われたトイレットペーパーをそのままにしたりするのではなく、次に使用する人たちのことを考え、三角に折りたたんでいるからではないだろうか。もしかすると、その行いが義務付けられているからなのかもしれない。が、僕はそんなとき、その細やかな配慮に、ああ、日本に生まれて良かったなあ、と思うのである。

〝整理整頓〟

身の回りの物についてもそうだろうが、自身の心のなかも同じように整理整頓する必要があるのではと思う。自身の心が整理されていれば、同じように、物も整理できるはずなのではと思ってしまう。

だから、僕自身の心のなかが整理できていないのであれば、それは内から外へと表れるだろう。心がどこかルーズになっていれば、身の回りも片付けることができないのではないだろうか。

自身にもそういい聞かせて、心を整理し、実際に目に入るものから、整頓を始めていかねばと思ってしまうのだ。

52 グレーのスーツは、紳士の装い

2019年8月初旬の暑い夏の日に、2020年のファンクラブ用のカレンダー撮影を都内のスタジオで行った。カレンダーのコンセプトは、『天晴れ（アッパレ）』。もちろん、第32回オリンピック競技大会を意識してだ。

日本人選手に多くのメダルを獲得してほしい、そういう僕の気持ちが込められている。同時に、他国の選手であろうが、敵ながら、天晴れな勝利だな、という褒め称える気持ちを表したいという思いもあった。

カレンダーなので、1月から始まり12月までの12ポーズ、そして表紙のカットも含めて13ポーズ。すべて衣装を替え、撮影を行った。

特注した野球のユニフォーム（背番号は『5』、名前は『GO』と入っている）を着用し、グローブとボールを持ったり、サーファーの格好をし、サーフボードを片手に持ったり、空手の道着を着用し、数枚重ねた瓦割りに挑戦したり。13ポーズの撮影なので、朝から夜までかかる予定だったが、殊の外順調に進み、ランチタイムを挟んでも、撮影は夕方前に終わった。

カメラマンの方の迷いがないライティング、カメラを覗く姿から自信が伝わってきたし、プロデュースする方たちの、OKを出す決断の早さにも驚くものがあった。まさに天晴れの撮影にふさわしい、仕事だったのだ。

ちなみに、撮影のシチュエーションで僕が最も好んだのは、空手の道着だった。僕は空手をやったことがない。だが、真っ白い道着に、黒い帯を締めると、身も心も引き締まり、なぜか自分が黒帯の有段者と錯覚してしまった……。

とはいえ、僕は道着の帯を正しく締められるし、なぜか道着を正式な形でたたむことができる。まあ、これはじつは、空手の有段者の方に以前教わったからなのだが。

そして、カレンダー撮影に使用した衣装とは別に、スタイリストの方が、僕があちこちの店舗に足を運ばなくてもいいよう、そのスタジオで購入することができる洋服を何点か用意してくれた。スタイリストだけに、僕が好みそうな服、そして、プロのスタイリストとして、僕にこの服を着せたいという思いがあったのだろう、と想像できる洋服がずらりと並んでいた。

撮影の合間、僕はそのなかから、秋冬物などを何点か選び、購入した。セットアップの少し派手めなチェックのスーツ、革と布地を組み合わせているブルゾン、シャツ、カーディガン、そしてTシャツなど。

そういえば、白シャツにグレーのスーツという、2色でまとめるような、控えめなスタイルはラックにはなかった。というか、それは僕の好みですでにたくさん所有しているであろう、というスタイリストの配慮だったのかもしれない。

僕はつい最近まで、あまり頭を悩ませず、一番簡単なスタイリングとはスーツでは？　と思っていた。サラリーマンのように、毎日スーツを着る方にはそれが一番楽で、あまり考えずとも、ネクタイとシャツを替える程度でいいのではないか。しかも、スーツなら着ていくその日の朝でも、選ぶのにさほど時間はかからない。朝は誰でも慌ただしい。着ていく服をあれこれ考えている、そういう時間は作りづらい。だからスーツが最も楽なのではと思っていたのだ。

しかし、よくよく考えてみれば、単調な2色、シャツとスーツの組み合わせほど、着こなしが問われることはない、と最近思う。単調だからこそ、ネクタイを考え、ポケットチーフを吟味し、靴下は限りなく薄い生地のものをチョイスし、その色にも気を配り、そして靴も慎重に選ぶ。とにかく、見えにくいところに気を遣うことが大事、それが僕にとってのオシャレのポイントだ。

例えば、パリッと糊のきいた白いシャツに袖を通し、落ち着いた色の無地のネクタイを端正に結ぶ、そして、いぶし銀のようなグレーのスーツに身を包む。一見平凡だが、これこそまさに上級者の着こなしといっても過言ではないのだろう。深みのある濃いグレー、薄いグレー、光沢のあるグレー、厚みのある生地、薄い生地。

その日の気分で、青のシャツを合わせてもいいし、薄いピンクのシャツを持ってきてもいい。もちろん、少しカジュアル感を出すために、チェックのシャツなどを取り合わせてもいい。

僕がグレーのスーツを好むのは、年齢的なものも大いに関係していると思っている。つまるところ、グレーのスーツは普遍的なスタイルなのではないかと。シックで落ち着いていて、少し白くなり始めた髪の毛の色にも合う。それにグレーは、僕的には品がいいというのが、一番の理由だ。そこへ白いシャツとくれば、清潔感もあり、鬼に金棒な組み合わせだ。

いま流行りの少しタイトなスーツに身を包んでもいい。あるいは、ゆったりとした古風なデザインのスーツでも、白黒映画を観ているような趣を醸し出すというものだ。特にグレーのスーツは、紺や黒に比べて、上品さが増すのでは、と考えてしまう。

僕がスーツの着こなしが上手だと思う人は、なんといってもケーリー・グラントだ。特に映画『シャレード』でオードリー・ヘップバーンと共演したときのダークスーツの彼は、渋さが増していた。白いシャツに黒っぽいスーツ、さり気ないが、これほどスーツが似合う男性は他にいるのかな、と思うほど、申し分ない着こなしだった。

白いシャツを着て、ネクタイを締め、そしてスーツに袖を通すと、僕はまるで細長い定規かなにかを背中に当てたように、背筋が伸び、脊椎が正しい位置にあることを確認できる。そして、なぜか自分の体がひと回りも、ふた回りも大きくなった気がする。おそらく、黙って着ていても、胸を張れるからではないだろうか。

汗でしわくちゃになろうが、走ってジャケットが風になびこうが、座ってパンツの膝が出ようが、やはり僕の好きなグレーのスーツは、「紳士の装い」なのだ。

53　香りの効用を享受《きょうじゅ》する

僕が長年愛用しているオードトワレに、『ESCAPE』というカルバン・クラインから発売されているものがある。for men という男性用を使用しているが、for men というぐらいだから、for women というのもあるのだろう。同じような香りでも、女性の場合は、もしかすると香水だけなのかもしれないが。

僕は、その『ESCAPE』をもう30年ほど使っている。この香りを初めて嗅いだときのことは詳細には覚えていないが、かなり衝撃的だったことだけは印象に残っている。

柑橘《かんきつ》系といえばそうなのだが、そのさわやかさだけが衝撃的だったわけではなく、オードトワレでありながらある種の深みを感じた。これが僕が探していた香りかも、と30代のときに勝手に思い込んだ記憶がある。

ただ、30年のあいだに『ESCAPE』だけではなく、それ以外にもいくつか使ってはみた。しかし、結局は『ESCAPE』に戻ってしまう。つまり、僕はこれ以上の好みの香りには、いまのところ出合っていないということだ。

人には嗜好があるので、好きな香りを自分で見つけ、その香りに包まれて過ごすことが最善だと僕は思っている。


以前新聞で、「香りは人生最高のパートナー」、というLVMH モエ ヘネシー・ルイ・ヴィトン・ジャパン社長のノルベール・ルレさんを特集している記事を読んだ。

その彼のお母様がフランス人で、大の香水好きだったようだ。美しいドレスに身を包み、香りのオシャレに気を遣われていたという。とはいえ、彼と僕には大きな差異がある。彼は僕のように1種類だけではなく、何種類もの香りを愛用しているところだ。いくつもの香りを使う方というのは、女性でもけっして多くはないと思う。

彼は、朝起きてシャワーを浴びた後の、香り選びから一日が始まるという。選んだものを一吹き、そして出社し、仕事が一段落すると、戸棚に並んだ10本余りの香水のなかから1本を選び、さらに一吹きするという。車のなかにも7、8本の香水が肘掛け用のボックスのなかに常備されているらしい。また、その日の天候にも考慮して香水を選んでいるという。とはいえ、飛行機などの狭い空間や、お寿司の席へ向かう前の一吹きは控えているという。きちんと状況を把握されているということだ。

彼がひたすら勉強一筋だった19歳のころ、自分を生き返らせてくれる香りに出合ったのが、香水専門店だったという。好きな香りの香水を選び、それをつけると、気分が高揚し、勉強の効率も上がったそうだ。以来、40年ほどの香水歴になるという。やはり香水好きは、お母様の影響なのではと思える。つまり、香りは彼にとって、そのときの気分を反映してくれるものであり、ときには、ある気分になるために必要なものなのだ。香りは気分を上向きにも、また、違う方向にも導いてくれるのだろう。男性でも、こうした美意識をしっかり持った方がいらっしゃるんだと、僕は新聞記事を読みながら、感心した。

数か月ほど前、スタッフから質問された。

「ひろみさんは、汗をかいてもまったく匂いがしないんですが、何かやってらっしゃるんですか？」、と。正直なところ何もやっていない。というか、考えていない。毎晩お風呂に入り、毎朝シャワーを浴びるくらいで、あまり、他の人との違いはないはずだ。ちなみにガーリックライスやガーリック入りのパスタも食べる。ほうれん草のガーリックソテーも大好きだ。
そのスタッフ曰く、コンサートのときの衣装をランドリーに出す作業をしていても、まったく汗臭さがないというのだ。
そういえば先日、僕の知人とそのゲストの方たちと、コンサートが始まる前に写真を撮った。コンサート後に知人からお礼のメールをもらった際、そのゲストの方の一人が、「ひろみさんは何の匂いもしなかったけど、どうして?」といっていたという。どうやら、一緒に写真を撮ったときに、僕の匂いを嗅いでいたようだ…。

英語で、“Less is more”という言葉がある。やりすぎに注意、とでも訳すのだろうか。僕はつねにこの言葉を頭のなかにイメージする。つまり、僕の場合放っておくと、やりすぎる嫌いがあるのだ。歯磨きも、お皿を洗うにしても、大好きな運動にしても…。なので、“Less is more”という言葉を噛みしめ、少ないほど効果が高い、と心がけている。

オードトワレは香りが3〜4時間ほどしか持続しないため、匂いが強すぎるということない。なので、香りは徐々に薄れ、やがて、なくなってしまうのが特徴でもある。

　とはいえ、僕はオードトワレをつけるときは細心の注意を払う。つけ方に充分注意し、周りに配慮することを心がける。だから、オードトワレをつける体の場所にも気を遣う。これから人と会う前だったり、これからディナーだったり、ということになれば、僕はかけすぎず、下腹辺りだけにサッと一吹きし、周りの人に不快感を与えないようにする。

　香水は本来、宗教的な用途や薬用として使われていたというが、いつのころからか、楽しみや、身だしなみとしてのものに変遷していったという。

　僕は自分の体臭を消すためにオードトワレをつけるということは考えない。つまり、単純に身だしなみとしてだけではなく、自身の気分を高揚させたり、やる気を起こさせたりするものとして使う。この香りを嗅いでいると、モチベーションアップにつながるとか、この香りがあれば新たな発想が浮かぶとか。そういう意味では、あの特集記事の方と同じだ。

オシャレや、身だしなみといったことは、他人に見せるものではなく、自身がどれだけ満足するかが大切なのかもしれない。それでいいと僕は思う。

54　環境のために自身の行動を省みる

僕が20代前半のころ、当時の知人たちが催してくれた、10月18日の僕の誕生日会へ、少し大人っぽいコートを着て行った。誕生日に間に合うようにと、キャメル色のカシミアのロングコートをオーダーしたのだ。僕は意気揚々《ようよう》と、それを着て六本木の街へ繰り出した。そのコートが風に舞い、裾が翻《ひるがえ》った場面だけは覚えている。

つまり、いまから40年ほど前の東京は、10月にはコートが必要なほど寒さを感じたのだ。みんな当たり前のようにコートを羽織っていたし、まだ首にスカーフは巻かないくらいで、やがて訪れる寒い冬の準備はすでに始まっていたのだ。

それがどうだろう。今年（2019年）は10月を迎えても30度を超える日があった。まもなく始まる冬の予告をしそびれたような陽気で、秋も深まっているというのに暑ささえ感じた。それに東京では、ここ何年もコートを着る必要がないほど暖かくなっている。1年を通じて気温が上昇しているようだ。12月という冬の時期でも、あまりコートの必要性を感じず、コートを買おうという気持ちすら訪れない。それは僕だけだろうか…。これでは服が売れないと心配になるのだ。もちろん僕はアパレル関係者でもなんでもないが、アパレルに携わっている方たちにとっては、ゆゆしき問題なのではと思えてしまう。

今年9月に千葉県を中心に襲った台風15号のすさまじさは、かつて聞いたことがないほど大きいものだった。

僕が住むマンションの屋外駐車場にも、その台風による強風で、車のボンネットのようなものが飛んできていた。人の力では到底動かすことができない大きさだった。追い打ちをかけるように、10月12日夜から東日本を縦断した台風19号は、記録的な大雨であちこちの川の堤防を決壊させ、大規模な浸水を引き起こした。死傷者は500人近いと聞いている。心が痛む。

その日僕は調布にあるスタジオで、コマーシャル撮影を行っていたのだが、多摩川が氾濫危険水位に到達したとの避難勧告を受け、15時ごろには撮影を中止せざるを得なくなった。後日、残り半分の撮影を行ったのだ。コマーシャル撮影を台風の影響で2回に分けて行うという経験は僕には初めてだった。

夜のニュースでは「これまでに経験したことがないほどの大きさの台風なので、命が助かることを考えて、行動してください！」などと、しきりにアナウンサーが繰り返していた。

それを聞きながら、本当に大変なことになったのだと、僕は心底思っていた。

台風のメカニズムは、熱帯地方の強い日差しで海水が温められ、それが水蒸気になり空へ昇り、積乱雲になる。その積乱雲がたくさん集まり、風が吹き込み、風によって、北半球では反時計回りの渦ができ、その雲が水蒸気を含んでどんどん大きくなる。風も強くなり、その回転が増し、さらに成長し熱帯低気圧となり、台風やハリケーンなどになるという仕組みらしい。台風は一年中発生しているが、ただ発生する時期や場所により、その経路が変わってくるようだ。9月ごろに日本を襲う台風が多いのは、太平洋高気圧が衰え、東の方向へ後退する。このため、南の海から、放物線を描くように日本付近を通過するからだという。このとき、日本周辺に停滞している秋雨前線を刺激し、動きを活発にするので、大雨を降らせることがある。つまり、梅雨のシーズンではなく、9月に最も降水量が多いのもそのためらしい。

こうして台風のメカニズムは解明されたにせよ、いまだに被害はなくなっていないということだ。

ここ数年、地球温暖化の影響により、尋常ではない台風が起こったり、大雨が降ったり、多くの落雷があったりという話を聞くが、果たしてそうだろうか。じつは、大きな台風は昔からあったのだ。

昭和の三大台風といわれる室戸台風は1934年、枕崎台風は1945年、伊勢湾台風は1959年に起こっている。ただ、そのときと現在を比べれば、建物の強度も、道路状況もまったく違ったはずだ。昔は木造の建物が多く、道路も土のところが多かっただろう。だからこそ、当時はさらに甚大な被害をもたらしたのではないだろうか。

そして、2004年9月に日本を襲った台風18号と、10月の台風23号でも、合わせて百数十名という多くの方たちが亡くなったと聞いている。想像を絶する規模の台風が日本を襲ったのだ。

地球に住む多くの生き物の生態に、温暖化が影響しているという記事を読んだことがある。温暖化だけでなく、森林の伐採、あるいは、魚類の乱獲も影響していると書いてあった。つまり、僕たち人間の活動が生物を追いつめているという。

それに、土壌汚染だ。僕たちは農薬のことを薬という。読んで字のごとしだ。しかし、動植物によっては、それが毒となるというのだ。見た目のいい野菜を作るために農薬を使う。ゴルフ場のコンディションをより良い状態に保つためにたくさんの農薬を使う。じつは、これが多くの生き物にとって、命取りになるということなのだ。

そして、環境汚染。僕たちの生活から出たお水、たくさんの商品を生んでくれる工場からの排水が川や海を汚染する。そして僕たちの足となる車から出る排ガスは空気を汚染する。これらは間違いなく、自然の大災害ではなく、僕たち人間が引き起こしたものだ。

地球温暖化はいま始まったことではなく、じつは昔から少しずつ始まっていたという。しかし、ここに来て、それが急激に加速していることは間違いないのだろう。

でも、いまからでも自身の行動を省みて、僕たち自身が良い方向へ行動すれば、まだ手遅れではない気がするのだが。

55　体内の水分に意識を向け続ける

暑い夏が過ぎて、秋がやってきて、冬が訪れ、そして春を迎える。世界中ほとんどの国に、春、夏、秋、冬の4つの季節、その細かい違いこそあれ、四季という自然現象は存在しているという。

アメリカは国土が広大なので、その気候は多様であるといわれている。ヨーロッパは基本的に日本と同様の季節が存在する。中国はアメリカと同じように国土が広いので、南と北ではかなりの違いがあるはずだ。それでも四季はある。そして、韓国はより日本に近い気候といわれているが、寒暖差が激しいので、気温の差もあり、その分、季節の変化も大きいのだろう。

つまり、細かい違いこそあれ、ほとんどの国や大陸に、四季は存在するといえる。

僕は日本の四季が大好きだ。はっきりとした季節の違いが感じられ、美しさに魅せられる醍醐味《だいごみ》は、日本特有のものなのかもしれない。

冬には、大きな木も葉を落とし裸になり、太い幹と枝だけを残すが、そこへ雪が化粧する。なので、なにかが足りないとは感じられない。いずれは葉を付け、立派な木になるのだろうなという印象を受ける。春にはその予感どおり、枝に葉を付け、木が春らしいさわやかな緑に少しずつ変貌していく。夏には、春に付けた葉がより一層深い緑になり、これでもかというほど繁茂《はんも》する。秋は、たとえばモミジの葉なら、緑色から茶色のような枯れた色に変わり、紅葉する。そして落葉…。また寒い冬がやってくる。

春雨、梅雨、そして秋雨。それぞれに雨がもたらす意味がある。季節ごとに多くの雨が降り、花や草木にとって大切な水分を補給させ、きれいな花を咲かせてくれたり、緑を届けてくれたりするからだ。

「かくれ脱水」というのを聞いたことがあるだろうか。寒い冬の時期に、気づかないうちに体の水分が失われ脱水症状に陥ることをいう。冬は空気が乾燥し、水分不足を引き起こすからだろう。一般的には、脱水症状は夏の暑い時期に起こるという印象があるため、あまり耳慣れない言葉かもしれない。

冬場はあまり喉が渇かないとか、寒い時期にお水を飲むのはあまり気が進まないなどといった理由から、冬は夏に比べて、水分を摂らない人が多いという。つまり、脱水症状＝夏であり、脱水症状と冬が結びつかないのだ。

季節にかかわらず一日2・5リットルのお水を毎日補給することが望ましいという話を聞いて、僕はできるだけそれを実践している。

ステージ上での水分補給もこまめに行ったり、ゴルフへ行けば、その6時間ほどのあいだに軽く1リットル以上のお水を飲んだりする。それに、僕は週3日のトレーニングを行っているので、冬場であろうが、夏場であろうが、わずか1時間というトレーニングのあいだだけでも、ペットボトルに入ったお水と、運動後のプロテイン飲料を含め、750ミリリットルは補給している。

自宅には、つねにミネラルウォーターと炭酸水が、常温のまま箱積みしてある。そして、冷たくしたミネラルウォーターも炭酸水も、冷蔵庫に入っている。僕は無糖の炭酸水を好むが、発泡水自体が体に良いのか悪いのかはわからない。まあ、糖質を含んだ炭酸水は飲まないので、それはそれで良しとしているが…。

ところで、かくれ脱水だが、普段かく汗や尿の他にも、皮膚や呼気から体の外に出て行く水分は、体重60キロほどの僕ならば、一日900ミリリットルほどだという。夏場は多分、少なくともその倍近くの水分が失われている気がするが。

冬のように気温が低ければ、その気温に耐えうるようなものを身に纏う。そのため、ほんの少しの運動をしても、あるいは、暖房を入れただけでも、汗をかきやすくなっている。夏と違って喉の渇きも覚えづらいのかもしれない。なので、水分補給を忘れがちになる。そして、夜に目覚めてトイレに行くことを嫌い、その回数を減らそうと、眠る前の水分補給を控えめにする。じつはこういったことが、脱水症状を引き起こす原因になると聞いたことがある。

夏場は暑さなどで、発汗が急速に進むため喉の渇きを潤そうとする。しかし、冬場は、ゆっくりと脱水症状が進むので自覚しづらいのだ。

僕がお酒をやめて思うことは、睡眠導入にはお酒は最適だが、深い眠りは絶対に期待できないということだ。必ずといっていいほど短時間で目が覚めていた。いま思い返してみると、それは、脱水症状のサインだったと思う。喉が渇きお水を飲むし、トイレにも行っていた。

さらに、お酒を飲んでいたころは、起きていても、唾液が減って、口のなかがねばついていたので、あれは脱水症状の表れだったのかもしれない。

こういったことを防ぐためにも、こまめに水分補給を行うことが賢明なのだろう。

それでなくても、僕たちの体内の水分量は年齢が増していくほど減るという。体のなかの水分が不足してくれば、血液もドロドロになり、血管を流れにくくなる。やがて、血管が詰まるという状況を引き起こす。そして、命にかかわるような病気になることもある。おそらく、数日間は食べなくてもなんとかなるが、水分補給を怠れば、僕たちの体は動きが止まるのだ。

前述のように、成人が一日に必要な水分量は2・5リットルといわれている。なので、食べ物だけではなく、それをお水などで補うことは大切なのだろう。

僕たち人間の体は、約60％がお水でできているという。胎児は約90％、新生児で約75％、子どもでは約70％、成人で約60％、50歳以上になれば、約50％といわれている。

つまり、水太りという状態はあるのだろうが、お水で太るということはないと僕は思う。

血液をサラサラにするためにお水を飲み、50歳を越えたら、体内の水分が50％を切らないように心がけることが大事。そして、これから本格的に訪れる冬のかくれ脱水を、自分で予防することが大切なのだろう。

56　予防に心血を注ぐ

知人から、最近こんな話を聞いた。

股関節辺りに激痛が走ったので、整形外科で診てもらった。そのときの診断では、疲労による股関節炎といわれたらしい。

大腿骨と骨盤をつなぐ軟骨が、年齢を重ねるにつれてすり減ってくる。なので、股関節を動かしたり、体重がかかったりする動作をするたびに、ジョイントの役目を果たす、すり減った軟骨の下の骨同士がこすれあって痛みが走るのだ。

痛み止めの点滴をしてもらい、しばらくは電気治療のようなものも行い、そして湿布薬も処方してもらったという。2週間ほどで激痛はなくなったので、それから病院には行っていないらしい。その後は、整体で調整してもらっているが、いまでも股関節に痛みがあり、思うように運動もできず、長時間の立ち仕事は辛いといっていた。

痛みの基準は人それぞれで、単純に僕が感じる痛みと、その人が感じる痛みとを比較することはできない。ただ、激痛が走らないのであれば、少し我慢してでも多少運動を行ったほうが良いという場合もある。

なので、強い痛みがないようなら、医者の判断なども仰ぎながら、ストレッチや軽めの運動など、体を使うことをお薦めする。少しの痛みなら我慢できるというのであれば、軽い運動はリハビリになるだろうし、そのときに感じる痛みを我慢する価値はあるはずだ。数週間後には得るものが大きいと思うのだが。

例えば、股関節回しなどを左右の足で行うと、痛みがあっても、徐々にその苦痛は軽減し、動きが良くなる。これは、股関節炎の予防にも最適だと思う。

僕自身は腰にわずかに痛みを覚えることがあるので、気をつけるようにしている。例えば、バーベルを使ってのデッドリフトやスクワットをするにしても、常に正しい姿勢で行い、その姿勢を保てないような重さは上げない。腰にできるだけ負担をかけないことを心がけ、ウエイトが重くなっても正しい姿勢を崩さないことを意識する。

腰の痛みといえば、パッと頭に浮かぶのは〝ぎっくり腰〟だ。僕も30代までは考えたこともないし、無縁だった。ただ、自身の身に降りかかるようになり、初めてその痛みを知った。

ぎっくり腰であれば、普通に生活していても、数日から数週間でその痛みは治まることが多いと聞く。

ではなぜぎっくり腰になるかというと、理由の一つに、体の柔軟性が足りていないということがいわれている。体を鍛えることばかりに意識が行き、大切なトレーニング前後のストレッチを行っていなければ、このようなことになることが考えられる。

ぎっくり腰の正式名称は急性腰痛症。原因は複数考えられるというが、複雑に絡み合った腰の筋肉の肉離れだったり、腹筋と背筋のバランスが崩れたときに起こったりと、とにかく様々だ。急激な動作で起こることが多く、腰部のこわばりや筋力低下が原因となる。それらを避けるためにも、普段からのストレッチや簡単な体幹トレーニングが必要なのだろう。

ストレッチにより、運動で収縮した筋肉を伸ばし、柔らかい状態にしておくことがどれほど大切かは、実際に運動を行っている僕自身がよく理解している。

僕は20年近く前に、かなりひどいぎっくり腰になったことがある。あの痛みはいまでも忘れられない。

その日は、午前中に普段どおりにジムへ行った。ベンチに横になりダンベルフライを行っていた。そのときに、腰にピキッという痛みが走った。とはいえ、あまり意に介さなかったのだろう。そのままベンチで仰向けになり、ダンベルフライを続けたのだから。いつもどおりトレーニングを続けたことは覚えているので、おそらく、できるだけ腰に負担をかけないようなやり方——本来は、腰に痛みを覚える前に、腰を気遣いながら行うのが理想だが——、だったと思う。

いつもどおり、上半身のトレーニングをやり終えた僕はシャワーを浴び、コンサート会場の千葉の市川へと向かった。

ところが、会場へ着いたときには、車を降りることもままならなかった。会場の階段も手すりにしがみついて下りなければならないほどの痛みになっている。リハーサルでも、もちろんその激痛はやまなかった。しかし、いざ本番になれば、その痛みはどこへ行ったのだろうと思うほどなくなっていた。女優は本番中に汗をかかないという話を聞いたことがあるが、そういったことに通じるものがステージにはあるのかもしれない。僕の体から痛みは、まるで霧が晴れるように引いていた。しかし、ひとたびショーが終わると、またその激痛という深い霧が訪れてきた。

僕はシャワーをなんとか浴び、車へと続く階段の手すりに掴まりながら、今度は上った。その後、痛み止めの注射を打ちに、医者のところへ急行したことを覚えている。

軽度であるが、いまでも2年に一度くらいはぎっくり腰っぽいものになることがある。予兆を感じたときに、鍼やスポーツマッサージを行い、一日二日で回復させるようにしているし、その時点で、痛みが増さないよう、早めに治療をしてもらうことにしている。

人は肉体的な病気やケガなどを抱えて生きていくのだろうし、大なり小なりの精神的な不調とも付き合いながら一生を終えていくものなのだろう。そう思えば、何か心身ともに辛いことが起こっても、すべての人間がそうなのだと、自分だけを惨めに思わないでいいし、自己嫌悪感を抱き、思い悩むことなどしなくてすむ。そしてある程度健康であれば、思考もクリアに保てる。人生が豊かなものになるように、僕は自分が正しいと思った予防策を実行している。

57　人生に刺激は不可欠

先日、友達何人かと、渋谷のホテル内にある陳建一さんの『スーツァンレストラン陳』に行った。ここは四川料理で有名なお店だ。胡麻ダレがとても美味しくて、辛い担々麺がある。そして、麻婆豆腐にはラー油がたっぷり絡めてあり、かつ山椒で風味と辛味が絶妙に加えられている。

デザートの杏仁豆腐は濃厚で、彩《いろどり》を添えるクコの実の存在は、独特の味わいを醸し出している。僕的には申し分ない、本格四川料理のお店だ。

僕が15歳のとき、赤坂にある『四川飯店』で最初に食べたのは担々麺だった。あまりの刺激的な美味しさに、世の中にこんなものがあるのだと驚いた。以来、その担々麺は忘れられない味となり、いまでも好んでそれを食べている。

僕が四川飯店に行き始めたころは、陳建一さんのお父様、陳建民さんがまだお元気で、お目にかかったことが微かに記憶に残っている。それから3、4年後、僕が18、

19歳のときに、ご子息の陳建一さんがその四川飯店の厨房に立たれていて、拝見した気がするのだ。たしか、彼が玉川大学に行かれているときと記憶している。そういえば、陳さんと僕は同い年だったのではないだろうか…。

その四川飯店の刺激的な味や香りは、陳建民さんからご子息の陳建一さんへ、そしてご令孫の陳建太郎さんへと引き継がれている。それがたまらなく嬉しくて、美味しくて、僕は足繁くそこへ通うのだ。

刺激は必要だ。

よく、「刺激を入れていこう！」といわれることがある。

僕のような仕事をしていると、特に刺激という、物事の動きを盛んにさせるきっかけが必要になってくる。

ステージ上でプロとして歌うこともとてもエキサイティングな場面だし、ステージ上でしゃべることも自身で責任を持たねばならない。緊張感を覚えたり、自身を励ましたり、「ステージに生きる」というのはある意味特殊な人生であり、そこでしか味わえない刺激があるのだ。

つまり人生も同じで、いくつになろうが、刺激というものは絶対的に不可欠なのだ。

そうやって自分に刺激を与え続け、いろいろなことを経験し、多くのことを学び、大切と思えることを心のなかにインプットする。逆にそうすることで、僕はだんだんシンプルな自分になっていった。大事なことを取り入れて、そうでないと思えることを体から排除していったのではないだろうか。それもこれも、これまでに多くのことを見聞きしてきたからだと思う。


20歳からアメリカにレッスンに行くようになり——毎年、1か月ほどしか行けなかった——、何年経っても、なかなか自身が求める理想のパフォーマンスに近づけない自分がいた。思うように歌えない、踊れないのだ。自分を変えるには時間がかかるんだろうなとは自覚していたが、焦りがあったことは否めない。

その焦りからか、結果が出ないのであれば、そして内面が変わらないのであれば、せめて外見だけでもと思い、髪形を変えてみたり、金髪にしてみたりもした。

髪形を変えること、金髪にすることが悪いことではない。それはいまでもそう思っているが、僕はなかなか訪れない自身の変化に焦りを覚え、あるいは、周りの人達に変わった自分を早く見せたくて、外面的な変化を求めていた気がする。

人間は、たかが1か月ではなにも変わらない。大切なことは、やり始めたことを継続していくことだ。大きな変化は、瞬間的に起こるのではなく、小さなことの積み重ねによってしか起きないと僕は思っている。その小さな変化、ごくわずかな変化は、自分を変えようと思い、行動し始めたときから、すでに目に見えないところで静かに動き出しているのかもしれない。じつは、急激な変化というものは、この世にはないような気がする。

小さなことの積み重ねが膨大な量になる。変化と思えないほどの細かなことを少しずつ蓄積し、いつか変貌という形で表に爆発する。それが、大きな変化ではないだろうか。

なので、いずれその蓄えたものが表に出るときのことを考え、心躍らせながら、同時に、自分がやるべきことを粛々と、謙虚にやるしかないと思う。そして、できる限りのことをしたら、あとは焦らず、その結果は天の意志に任せる。つまり、〝人事を尽くして天命を待つ〟ということだ。

一方、中高年になると、疲れが残りやすくなったり、若いときとは違いどこか頑張りが利かなくなったり、と思うことはあるだろう。しかし、年齢のせいにすることはたやすいけれども、年齢がいけばいくほど頑張らなくてはならないのかもしれない、と僕は思っている。というか、そう自分にいい聞かせ、自身を鼓舞している。


冒頭の、陳さんが供する料理の味わいに話を戻すと、料理も伝統があるなら、なおさら進化することは難しい気がする。味を守り続けるのか、その味を守り続けながらひと味もふた味も工夫していくのか。これもまた至難の業ではないだろうか。

料理というはっきりとした正解が見えないもののなかで、バージョンアップしながら味を守り続けることの難しさは、陳さん親子も重々承知のはずだと思う。

お客様と向かい合いながら、味を極めていく、それが一流の店とそうでないものの違いのような気がする。


いくつになろうが刺激は必要なのだ。しかし、刺激的なものばかりだけでなく、シンプルなものがあるからこそ、逆に刺激的なものを欲するということもあるのではないか。

脳と筋肉は、いくつになろうが鍛えられるという話を聞いたことがある。だからこそ、いくつになろうが、脳に刺激を与える、あるいは体に刺激を与えることは、必要と思うのだ。

58　冷えは大敵

数か月前の9月初旬。僕の大切な友人の古希のお祝いを、あるゴルフ場で12名で行った。

プレイ後の古希を祝うパーティは、そのゴルフ場を借り切って行われた。オーナーズルームにはお寿司屋さんを東京から呼ぶなど、盛大な会だった。しかし、それはほんの序章に過ぎず、それからダイニングルームへ移り、本格的なディナーを楽しんだ。ディナー後は全員で練習場へ移動し、その人のためだけに花火を打ち上げた――もちろん、僕たちもそれを楽しんだ――。まるでディズニーランド級の花火を最前列で見るようなものだった――。そして、その後またダイニングルームへ戻っての表彰式、バースデーケーキの登場など、最高のひとときを過ごした。それはそれは、とても華々しいものだったし、早い話が、その人には至れり尽くせりの一日だった。

先日、その人が人間ドックで検査を受けた際に、医者から、血管年齢が81歳と告げられたそうだ。数か月前に70歳のお祝いをしたので、僕もそのことを聞き、青天の霹《へき》靂《れき》というか、言葉が出なかった。嘘か本当かは知らないが、「20歳のときに酒をやめたので、お酒を口にしなくなってから50年が過ぎた…」と聞いていた。なので、酒は飲まないし、煙草も吸わない、そして太ってもいない。普段から病気にならないよう気をつけていて、とにかく、医者が大好きで、何かあればすべて医者に頼る、という人だ。

なのに、なぜ？　と思った。

本人曰く、仕事柄睡眠不足なのと、運動をまったくしていないからではないか、ということだった。

そういえば、僕がよく知る40代の女性も、「コレステロール値が少し高いですね」と血液検査の結果を医者からいわれ、かなり落ち込んでいた。おそらく、夜遅くまでテレビを観ながら甘いものを食べているのだろうし（あくまでも勝手な想像だが）、運動不足なのではと思える。

男性も女性も、40代から体の変化が少しずつ出始めると聞いたことがある。ただ、その変化が出だしてからでは、手遅れとまではいわないが、何かをやり始める、あるいはやめるにしてもやや遅いのではと僕は思う。

何らかの変調を体に覚えたときに気づくのが一番だが、自分はまだまだ大丈夫という考えに至ってしまうのかもしれない。

医者からいわれたり、40代、50代、あるいは60代になって、体の歪《ひず》みなどを自身で感じるようになったりして、人はやっと自覚するのだろう。中高年になり、体の柔軟性がなくなり、一晩休んでも体の疲れが取れにくい、頑張りも利かない。若いときには思いもしなかったことを感じ始めて、やっと気がつくことがあるのではないだろうか。

大体、ほとんどの人間は、ある程度の年齢になってから、人の話に耳を傾けるようになり、何か問題が起きてからやっと気がつくのだと僕は思っている。それまでは、若さというものが邪魔をし、あまり人の話を聞かないのではないだろうか。もちろん、その逆もあり得る。年齢がいくほど人の話を聞かなくなり、柔軟性が欠けてくる人もいる。

僕は、60代でも、70代でも、あるいは死ぬまで健康でありたいと願う。体が健康であることが、思考にもつながると考えれば、老いを感じる前に、数値が不健康を示す前に、打つべき手をと思い、いろいろなことを考え実行している。

例えば、階段が使えそうなところであれば、エレベーター、エスカレーターより階段の上り下りをする。そのときもできるだけ手すりに頼らない。靴や靴下などを履くときにも、片足で立ち、なんとか履く努力をする。些細なことの積み重ねだが、毎日の歯磨きのようなもので、その繰り返しが大切なのだと思う。

「ふくらはぎは第二の心臓」、というのを聞いたことがあるだろうか。年齢がいけば、足元まで下がった血液を、心臓まで送り返すことがなかなかできにくくなったり、あるいは心臓から動脈を通じて送り出される血液を、末端まで運びにくくなったりするという。なので、手足の先などが冷えやすくなるのだ。

僕は寒い時期は、自宅にいるときや眠るときも、レッグウォーマーを付けている。そして、外を歩いたりするときは、極力足元を冷やさないことを心に留めておく。冷えは大敵というので、この時期、何らかの方策で体を守ってあげることも大切なのではないか。仕事柄、喉を冷やさないために、眠る際にはネックウォーマーをしたり、マスクを着用したりする。加湿器も使うが、マスクというのは、「自然の加湿器みたいなもの」と耳鼻咽喉科のお医者さんから聞いたことがあり、それを実践している。

僕は、ふとしたときに、左脚のふくらはぎから心臓の辺りまで、一瞬のうちに痛みが走ることがある。血行が良くなればそんなことは起こらないのだが、静かに読書などをしていて体が冷えていたり、眠っていたり、そんなときに時々起こる。その改善方法と思って始めたことが、レッグウォーマーの着用なのだ。

僕の症状を何人かのお医者さんたちにも訊いてみたが、異口同音に、筋肉でも骨でもなく、神経の問題と思えるので、体を、特に足を冷やさずにいてくださいといわれた。

レッグウォーマーを履くようになってからは、あの電撃的な痛みを感じることが少なくなった気がする。ということは僕の場合、やはり体の冷えが原因だったのではないかと思えるのだ。

人生100年、と最近はいわれている。その時代が近づいてきたことは間違いない。ならばそれに備えて、早いとはわかっていても、自身の気持ちも体ももう一度立て直す時期が40代、50代なのではないだろうか。不健康に長生きして、周りの人々に迷惑をかけたくない、できれば健康に長生きしたいと誰でも思うはずだ。

もちろん、僕もその一人。

僕自身、「黄金の60代」を送るため、そして輝ける未来を手にするために、自分の体のことは自分で考え、そのためにはどうするべきか、と自身に問うことも大切なのではと思っている。

ウイルスに、心は殺せない。

新型コロナウイルスが世界のあちこちに蔓延し、そのパンデミックに世界中の人々が戦々恐々とした日々を送っている。

僕は4月1日の段階で、6月上旬から予定されていた2020年の全国ツアーを、2か月間ほど遅らせ、8月中旬スタート予定の決断をしていた。

そして、今年はディナーショーの開催もその段階で中止を決め、代わりに、2020年のコンサートツアーを、2021年の2月まで行う予定であることをスタッフに伝えていた。

以前から、僕は生まれ変わっても日本人が良いといってきた。それは、仕事柄海外に行く機会が多く、海外を知れば知るほど日本人の良さを認識したからだ。

真面目にコツコツと仕事をし、努力していける『勤勉性』、他者を思いやったり、場の空気をいち早く読み取ったり、他人との距離感を測ることができる『謙虚さ』、そして、家に入れば靴を脱ぐという習慣、手洗いが終わっても把手《とって》まで水をかけるという『清潔さ』。

勤勉、謙虚、清潔という、この3つを兼ね備えているのは、日本人の他にはいないと思っている。他の国の人たちもどれか一つや二つは併せ持っていたとしても、その3つは揃ってはいないはずだ。そう、それらをすべて兼ね備えているのは、唯一日本人だけなのだ。

今後どのようなことがあっても、もう僕たちが元の生活へ戻ることはないのかもしれない。新たな生活方法や習慣を身につけていかなければならないのだろうなと思っている。

こうなってみると、周りにいた人たち、仕事、食事、すべてが当たり前ではなかったのだとつくづく思う。いまでは、すべてのことに感謝の気持ちを抱くことができる。というか、抱かなければならない。

これから僕は、折れない心、不屈の気魂を持ち、前を向きながら生きていきたいと強く思っている。

この今回のコロナ騒動も、いずれ落ち着くときが来るだろう。

物語はいつかは必ず終わるのだ。

ただ、コロナウイルスで人は殺すことができても、僕の心までは殺せない…。

あとがき

いまの時代を僕たちがどう生きていくか、これはとても大きな問題なのかもしれない。思うに、僕たちはこれから、『リタイアのない時代』を生きていかなければならない気がする。

たしかに、人は歳を重ねていけば、悠々自適に暮らしたいものだ。そこまで頑張ってきたのだから…。そういう考え方が生まれてくるのは当然だ。

ただ、僕のように、悠々自適なんてものは自分がこの世を去る5年ぐらい前に、なんて考えている人間は、歳を重ねていくほど自身を奮い立たせなければならないと思っている。つまり、人間いつ死ぬかはわからない。だからこそ、死ぬまで、息絶えるまで頑張っていくという意識、そういう強靭な意志を持つことが大切なのでは、と思っている。

僕を支え続けてくれているファンのこと、スタッフのこと、友人のこと、家族のこと、そして自身のこと、それらを真剣に考えながら生きていくことが、きっと僕の生き方なのだろう。そう思いながらこれを書いたことは、これからの自身の生き方をもう一度探るためにも、僕には大事なことだった気がする。自分で信じた、『黄金の60代』を送るためにも…。

文庫版あとがき

『黄金の60代』を書き始めたときは、いまから7、8年前だった気がする。

このころは多くの方がガラケーと言われた携帯電話からスマートフォンに移行した時代だったと記憶している。あのころから考えると、スマートフォンでできることが格段に増えたというのが僕の印象だ。

当時から活況を呈していたSNSの種類が増えた。スマートフォンでお金を払うこともできるし、睡眠管理などもできるし、来春からはマイナンバーカードも搭載できるらしい。

スマートフォン経由で、あっという間に時代が変革を遂げてしまった。これからも、良し、と判断したことへの変化は日進月歩なのだろう。

とはいえ、僕の考え方は変わっていない気がする。考え方というのは、絶対に僕自身が変わっていくことをしなければ、先はないという考え方が変わっていないのだ。

そして、その思いというか、意識は、いまも、これからも変わらないだろう。

自分で書いた『黄金の60代』を振り返って読んでみると、こんな時代にこんなことを考えていたんだ、と自分を気恥ずかしく思ったり、懐かしく思ったり、あるいは羨ましく思ったりもした。

今回加筆や修正は一切しなかった。書いたものは敢えてまったくいじらずに、そのときの気持ちを大事にし、伝えたかった。

１９７２年にレコードデビューして今年で丸50年が過ぎた。

２０２０年に出版した単行本が、２０２２年にこうして文庫本になるというのがとても嬉しいし、また感慨深い。

多くの方に手にとってもらえれば、こんな喜ばしいことはない。

２０２２年８月下旬　郷ひろみ

マネジメント　中田しげる（Ever Green Entertainment）
森 佐智代（G International Communications）
阿部久美子（G International Communications）
編集　舘野晴彦（幻冬舎）
二本柳陵介（幻冬舎）
小林真利子（幻冬舎）

この作品は二〇二〇年六月小社より刊行されたものです。
※本文中の固有名詞や肩書き、年齢などのデータは、月刊「ゲーテ」連載当時（2015年6月号〜2020年5月号）のものです。

黄金《おうごん》の60代《だい》

郷《ごう》ひろみ

令和4年11月10日　初版発行

発行人――石原正康
編集人――高部真人
発行所――株式会社幻冬舎
〒151-0051東京都渋谷区千駄ヶ谷4-9-7
電話　03(5411)6222(営業)
　　　03(5411)6211(編集)
公式HP　https://www.gentosha.co.jp/
印刷・製本―中央精版印刷株式会社
装丁者――高橋雅之

幻冬舎文庫

ISBN978-4-344-43240-6　C0195　　こ-46-1